3・11復興プロジェクトの
挑戦とその射程

建築と土木、エネルギーの融合の活動から

伊澤岬＋小林直明＋轟朝幸

彰国社

カバーパース　柿沼建築設計事務所
装丁　榮元正博
本文DTP　スタヂオ・ポップ

はじめに　新たな社会システムの構築をめざして――危機を好機に

「3・11」は東日本大震災の発災日を象徴します。日本の将来はこの復興を原点に新たな社会システムの構築をめざしてリセットすることが求められていると強く感じ、継続的な復興支援を現在も続けています。地震、津波などの自然災害を完全に予測することは将来にわたっても不可能で、現在進行中の地球環境の急速な変化のなか地震、津波、気象変動に起因する次なる大災害にどう備えるかは喫緊の課題といえます。復興はまた自身の教育者、建築家としての試金石と考えました。これはバブル崩壊やリーマン・ショック後に長く続いた建設界での閉塞感のなか、若い人々が再び魅力を感じるような社会システムの構築をこの復興に込めたいという思いからでした。具体的には被災したインフラの復興だけではは日本全体の将来への展望とはつながらないと考え、本書では「再生エネルギー」や高速交通格差の解消をめざした「水上機」を社会システム構築の中に組み入れて示しました。

遅々として進まぬ復興、その復興の現実は「災害救助法」のもと前例主義によって膨大な国家予算が費やされることへの絶望感のなかでのスタートでしたが、その中で、将来の共有の財産ともなりうる二つの大きな国家システムが構築されました。一つ目が「再生可能エネルギー法」で、これによって太陽エネルギーや、風力エネルギーなど再生可能エネルギーの国による買取制度がスタートしました。二つ目が「国土強靭化基本法」の制定です。私達の支援活動のスタートとなる岩手県宮古市田老地区では破壊された十ｍの防潮堤を嵩上げして十五ｍの復興計画が進められています。これは現行の「災害救助法」によって一刻も早く元の生活環境に整えるため、市民の合意形成や費用対効果の検討もなく進められているもので、プレハブの仮設住宅も同様です。これに対して「国土強靭化基本法」は災害の起きる前から防災のための予算化を進めるという、現行の被災後の対応となる法制度の不備を補うもので前例主義からの脱却の萌芽と感じました。この法の制定のきっかけは3・11の被災地に限らず、南海トラフ大地震で予測される太平洋岸の広域的な防災対応の必要性のためで、当時は復興土建行政の全国展開かと大いに懸念を抱きました。前例主義による復興とは、明治以来の近代化技術によって自然を制御できるという考え方で、これが今日被災地で進められている巨大防潮堤建設につながるものです。幸いにも、二〇一六年、被災五年目の節目に、新法となる国土強靭化基本法に関連した強靭化大賞に私達の復興活動が選ばれたことで、これまでの復興支援活動への評価が得られたと感じましたが、復興に対する絶望感がすっかり晴れたわけではありませでした。

受賞した提案は宮古市田老地区で進めている津波を抑え込む「十五ｍの防潮堤」に対し、津波を「かわして逃げ切る」まちづくりの提案で「優良賞」を、また原発事故の被災地の福島県富岡町での再生エネルギーを活用したゼロエネルギー建築（ＺＥＢ）※としての「記念館」や宮古市田老地区のメガソーラー発電を核とした太陽エネルギーまちづくりで「優秀賞」、そして「最優秀賞」は復興被災地における「水上空港ネットワーク構想」です。この最優秀賞の提案の発想は将来にわたって新幹線、飛行場のない高速交通格差エリアの実感を復興支援のため何回も被災地を通うことで身をもって感じたことによるものでした。水上機は新たに山を削り、海を埋め立てることなく海水面を滑走路とし、リアス式海岸の沿岸被災地をネットワークすることで、復興のスピードに大きく貢献できるととも

※ZEB
(Zero Energy Building)「ゼブ」と呼ぶ。詳しくは、46頁参照。

に被災地以外の高速交通格差地域におけるモデルにもなると考えました。復興活動をスタートした頃、時を同じくして、被災地ではありませんが、多様な地域の活性化の一つに、この水上機の事業化を起業し二〇一六年夏に瀬戸内海の尾道で営業運行も始まりました。将来被災地へのネットワーク展開を視野にコラボレーションを進めたいと考えています。

活動の中心となった防災計画よりも再生エネルギーや水上機の評価が高かったことは、新たな社会システムの構築を視野に入れた未来への展望がより評価されたものと思われます。

この「再生可能エネルギー法」「国土強靭化基本法」のうち前者は今回の復興にタイミングよく運用がスタートしたものです。一方、一九九五年阪神・淡路大震災では、福祉に関する画期的な「交通バリアフリー法」が制定されました。

強い絶望感のなかでの復興の先の明るい未来に期待しての私達民間人を中心とした復興支援活動での提案は、ほとんどが実現することのない復興計画ばかりです。活動がつぶされそうなタイミングでのこれらの受賞によって、提案が将来にわたって実現化の可能性が残ったのではとの思いが本書の出版につながりました。今回の出版こそが大きな復興支援と考えたからです。

本書の構成は、第一章で復興支援活動のきっかけと方法を述べます。活動を被災直後から開始しましたが、これまでにも阪神・淡路大震災後の復興提案コンペの参加や、所属していた大学研究室での五十年にも及ぶ東北、特に岩手県での建築設計活動が今回の支援の大きな原動力となっています。その理由は、後ほど紹介したいと思います。さらに3・11

被災前後に設立した三つのグループと研究会、具体的には復興のために設立した復興都市モデル研究グループが中心となり、太陽エネルギーデザイン研究会、東日本大震災復興水上空港ネットワーク構想研究会の三つが有機的な関係のもとでの復興支援活動となりました。これらの組織はいずれも産学連携の組織となります。

支援の方法は他の被災地への汎用性にもつながるような提案を目指しました。その理由は、提案が東日本の多くの被災地だけではなく、南海トラフ地震のように、今後予測される災害にも対応できる提案にもなることを考えたからに他ありません。

そこで復興提案を時系列的に岩手県宮古市田老地区、宮城県石巻市、仙台市荒浜地区、塩竈市、気仙沼市、千葉県旭市いいおか、南三陸町、そして南海トラフ地震被災予測地区となる静岡県、高知県の各都市に示しました。さらに原発事故による被災地、福島県富岡町の活動がこれに加わります。

第二章では、津波を「抑え込む」方法による国の復興計画に対して私達が提案した「かわして逃げ切る」方法について、国の復興支援の原点となる復興会議が示した計画理念の検証からこの「かわす」考え方が会議で示された「減災」に極めて近い理念であることがわかりました。しかしながら、なぜ進行中の復興計画のなかでこの「減災」の考えが十分に活かされなかったかを検証したいと思います。

津波を抑え込まずに「かわして逃げきる」方法を建築と土木の両者の融合のなかに具現化するために、融合の長年にわたる活動を三段階のステージで示しました。第一が融合の基礎となる土木デザイン教育の必要性とその具体的システムの構築で、第二が融合の応用となる設計活動です。具体的には丘陵地キャンパス計画とその造成、そして駅の設計で得られた成果で、これらの設計活動は今回の復興・防災計画の原点となるものと考えます。第三が本書で示す復興と防災計画での建築と土木の融合における総合化です。

第三章では、これからの復興につながる成果を期待して三つの挑戦を掲げました。第一は「かわす」方法による復興まちづくりで、前例主義に基づく多くの復興実施案に対し私達の提案の多くがアンビルドとなるものですが、国とは異なる視点からの復興案を図面や3Dグラフィクス、模型によって詳しく示します。

まず「かわす」まちづくりの計画理念の構築のヒントとなった、自然災害に立ち向かった歴史的な遺産としての海上木造社殿厳島について述べます。厳島は「災害のたびにより美しく、より強く」蘇えってきました。これは長きにわたる技術的、歴史的蓄積によるもので、これまでの研究からそのしくみを明らかとしたいと思います。東日本大震災においても厳島のようにありたいという思いからの視点です。

厳島の直近の二〇〇四年の被災では、強い波による外力をかわす「浮き床」の存在が祓殿で発見されました。これまでの大小の災害のたびにこのような発見がなされ、その隠れていたしくみの数々が明らかとなってきました。これらのメカニズムは平常時ではまったくわからないもので、被災し破壊されたことで技術的発見に至ったものです。これと好対照なのが、宮古市田老地区の巨大防潮堤の破壊で、そこには新たな技術的遺産の発見はありませんでした。

つづいて具体的な復興提案を岩手県宮古市田老地区で示し将来の指針となりうる理念「かわして逃げきる」による新たな防災ツールとして「防災ブリッジ」「防災コリドール」「斜面住居」を「防災ネットワーク」のなかに詳しく紹介します。

同様に宮城県気仙沼では「防潮堤の建築空間化」によって「防潮堤の避難路化」「水門と海へのビスタ」を、市の主催した復興コンペで提案しました。また千葉県旭市いいおかでも同様なコンペで田老地区での新たな防災ツールを応用しての提案となる「防災輪中」を提案しました。これは、歴史的な輪中をベースに、より構造的で、防災に加え日常的なコミュニティ機能を付加した概念となります。

さらに高知県の各都市ではこれらの東日本大震災での復興案をベースとして、リアス式海岸の港湾都市いわば凹地形の都市での防災ツールとして「防災ブリッジ」「防災コリドール」「斜面住居」を、また浜辺都市の平地に対しては「防災輪中」を、さらに両都市ともに情報ソフトとなる「防災ネットワーク」によって被災地内外への活用の汎用性を具体的に示しました。

第四章では挑戦の第二となる「再生エネルギー」について、岩手県宮古市田老地区で提案した「太陽エネルギー都市」と、直接原発事故により被災した福島県富岡町での「太陽エネルギーのまちづくりと建築のデザイン」を、国内外の太陽エネルギーデザインの事例分析からデザインの類例化のなかにゼロエネルギー建築（ZEB）のモデル的建築として具体的に提案します。「建築」と「土木」に加え「エネルギー」との融合の視点となるとともに、新たなエネルギーによる社会システムの構築につながる視点です。

第五章では挑戦の第三として高速交通格差の解消を計る「水上機ネットワーク構想」を提案します。多様な交通モーダル（手段）は被災地のまちづくりにとって極めて重要な視点で「まちづくり」と「交通」の融合の視点となるものです。

以上三つの挑戦によって今回の被災の危機を好機にかえて、日本全体の新たな社会システムの構築につながる視点を幅広い活動の中に示したいと思います。

第六章では進められている復興成果のなかに絶望からの脱却を示す、いわば「復興遺産」ともいえるプロジェクトが出現し始めています。私達のアンビルドな成果と相補って次の災害に備えたいと考えます。さらに「エネルギー」「水上機」についての挫折と成果を加えています。

目次

第一章

挑戦のはじまり

1

復興支援前夜

厳島から得た外力を「かわす」考え

海上木造社殿、厳島神社で歴史的に培われてきた技術についての研究成果を、今回の東日本大震災地で進められている大規模防波堤に代表される外力となる津波を「抑え込む」計画理念と対峙する、外力を「かわして逃げ切る」というアイデアを復興計画のなかに具現化しました。この「抑え込む」計画を象徴する巨大防潮堤は決して美しいと言えませんし、また後世に被災現場から厳島のように人々に感動を与えるような技術的メカニズムも発見されることはないと思います。これらの国の復興の進め方は、明治以来の近代化によって自然は制御できるという考え方を前提に、被災後早期の復旧が求められ、それに代わる新たな考えを模索する時間的余裕もないなか、より巨大で盤石な復興計画が進められたことによります。これに対して私達の「かわす」方法はまさに近代化の限界を今回の被災で学ぶとともに、近代化以前の歴史遺産である厳島に学んで現代にその理念を継承しようとするものです。

二百人の犠牲者を出した宮古市田老地区では、十mもの防潮堤がありながら大きな被害を受けましたが、今回の復興では十五mの高さにまで引き上げての大型防潮堤による復興計画が進められています。その結果、東日本のリアス式海岸延べ四百㎞に及ぶ万里の長城のような大型防潮堤が形成されつつあります。一方、津波を「かわして逃げ切る」私達の宮古市田老地区での対応は、間口二㎞ほどの凹地形の湾口の破壊された堤防の上部に、スカイウェイ状に防災ブリッジを設け、同一レベルで連続した凹地形を形成する両サイドの山側を避難路としてつなげて歩行による回遊路、防災コリドールによって、安全避難レベルを街全体で確保する提案です。このブリッジとコリドールへは多様なアクセスを加えることで、津波を「かわして逃げ切る」まちの提案となります。またブリッジへのアクセス方法は、湾口部ではエレベーターや各種階段を、また山側のコリドールでは階段のほか斜行エレベーターなどのインフラによるものです。詳しくは第三章で述べたいと思います。

まず、私達が自然を抑え込まずに「かわす」という考え方を得た厳島を学ぶきっかけについて述べたいと思います。

バブル期、東京湾沿岸における海上都市構想がブーム的状況でした。これは建築家、丹下健三の世界初となる海上都市構想「東京計画一九六〇」を引き継いだもので、丹下自身も第二の東京計画を一九八五年発表しました。この丹下の二つの計画の違いは海洋構造物としての技術的熟度によるものです。具体的には一九六〇年案では海上都市としてのイメージが先行してその構造方式は鮮明ではありませんでしたが、一九八五では古典的な埋立式を中心に、一部浮体式の構造方式による新たな提案も加わりました。

一方、建築家黒川記章の運河都市構想に代表される、東京湾中心部の深い水深を考慮することなく巨大埋立式による提案が多いなか、私達は浮体式の軟着底構造による海上都市「大阪湾海上都市構想二〇八九」を一九八九年の神戸市市制百周年記念コンペ（審査委員長新野幸次郎神戸大学長）に提案しました（図1）。これは、長年の厳島の研究から学ん

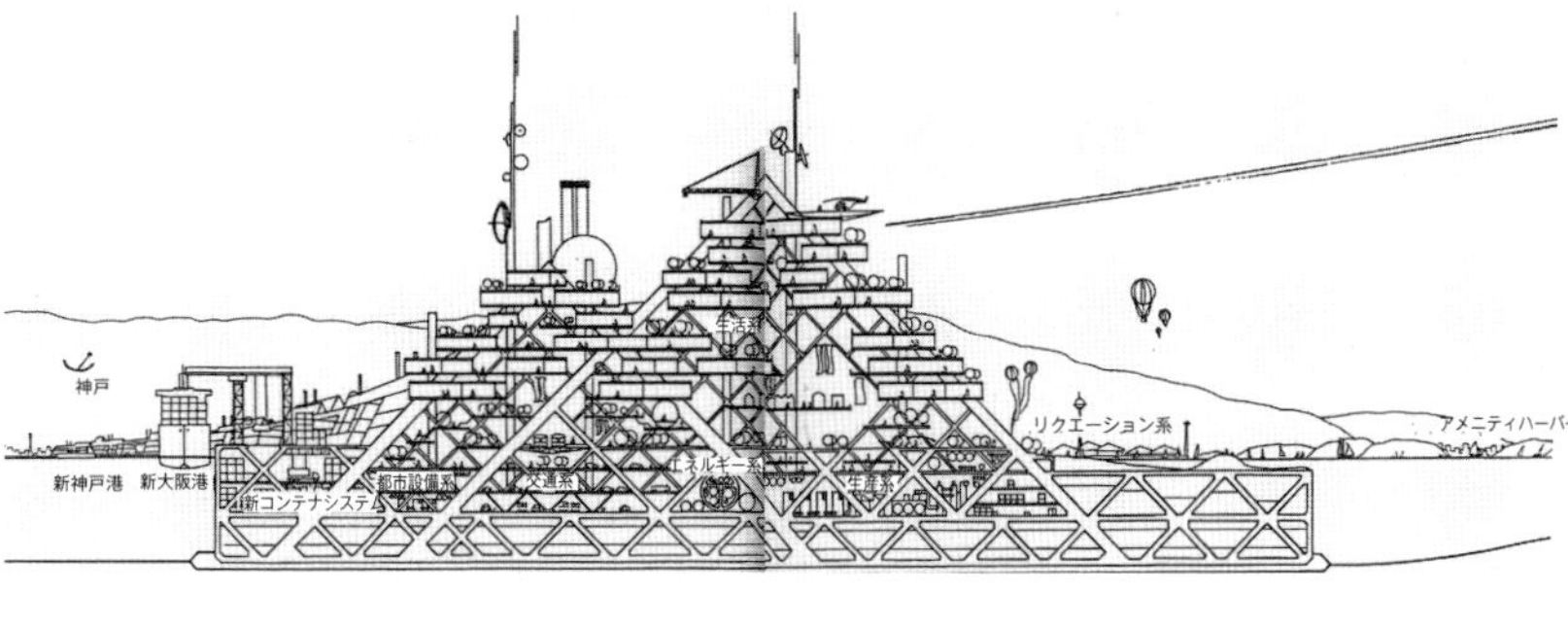

図1　軟着底構造方式による地震を「かわす」大阪湾海上都市構想1989

だ外力を押さえ込まずに、かわす方法による海上都市の構想でした。具体的には浮力によって構造体としての自重を軽減するとともに、構造物が海底に軟着底、すなわちソフトランディングすることで地盤から独立した構造物として免震効果を有する構造で、文字通り外力、地震力を「かわす」考え方を示した提案で優秀賞を受賞しました。この提案の六年後、一九九五年、阪神・淡路大震災に見舞われ、神戸は地震で大きな被害を受けることとなりました。

さらに阪神・淡路大震災直後の教訓から二十一世紀のあるべき都市像を探る国際コンクール「夢シティ21への提言」（審査委員長磯崎新）が求められ、「東京湾防災都市構想」を応募して優秀賞を受賞しました。

恩師の岩手県での活動

3・11東日本大震災当日、いつもであれば岩手県営体育館は大丈夫だろうかと習慣的に思うところなのに、今回は自宅の庭にしゃがみ込んで激しい地面の揺れから身を守るために、私達夫婦ともども地べたに座り込んで耐えるのに必死でした。被災を受けた岩手県をはじめ東北には、恩師である建築家故小林美夫の建築作品が点在し、被災一か月半後これらの建物の無事を現地で確認するとともに、早くもダブルアーチの美しい建築、岩手県営体育館は市民に開放されていることが確認できほっとしました（図2）。ザハ・ハディドの新国立競技場案のダブルアーチ構造と同様な構造方式の体育館で、半世紀前の作品ではありますがいまだ、凛とした美しさが漂う名建築です。さらにもう一つの気になる小林作品が宮古市の中心市街地全体を津波から守るように立地する半島に建つ赤前小学校で、こ

図2　岩手県営体育館（設計：小林美夫、構造：斎藤公男他、1967）

ちらも浸水が迫ったものの建物は無事で、近隣住民の避難所として三角屋根の小さなチャペルのようなホールが先日まで避難所として使われていたということでした。

私達卒業生が恩師から受け継いだ教訓があります。それは三陸沖の津波を建築家として忘れることなく常に次の被災に備えての建築的対応を考えようというもので、その意志をついで今回の3・11復興案を携えての宮古市訪問となり、以後七年以上復興支援として岩手、宮城、福島、千葉県での幅広い継続的な活動につながりました。

さらに恩師のこの教訓は教育成果としても結実しました。一つは本書の共同執筆である小林直明の宮古市における「宮古港出先埠頭漁村集落プロジェクト」(図4)で、その翌年には同じく関卓夫の修士設計「宮古港藤原埠頭水上飛行艇空港プロジェクト」(図5)となります。

これらの提案を紹介します。

宮古市二つの埠頭プロジェクト

津波で幾度も被災した三陸海岸沖合は、当時世界三大漁場の一つで水産業の活動のなかに津波対応が求められる地域でした。「宮古港出先埠頭漁村集落プロジェクト」は津波を考慮し、水産業の発展とともに街のさらなる活性化を目指して、高密度に建築化した漁民住居群を中心に水産業関連施設、商業施設(魚河岸ツアー)、観光レジャー施設(水族館・宿泊・展望施設)を、この埠頭に複合的に計画したものです。計画は漁民の集落に加え水産業を核として他分野産業の融合によって人々が集まる相乗効果を期待して、津波をかわせるよう十ｍの高さに施設全体をリフトアップして人工地盤上に形成します。この人工地盤高さは、津波避難安全レベルとして想定し、下部構造は土木的スケールのメガストラクチュアによって消波効果を持たせ、閉伊川を遡る津波の被害を埠頭全体で防御するだけではなく内陸部の被災をも低減するものです。

今回の津波災害で閉伊川のすぐ上流にある宮古市役所が大きな被害を受けるとともに、川を遡る大津波の状況が市庁舎からの映像で何回となくマスコミに紹介されたところでもあります。

一方、「宮古港藤原埠頭水上飛行艇空港プロジェクト」は、高速交通格差の犠牲となっているこの地域を水上機による高速交通のネットワーク化で活性化を計ろうとする提案です。３・11被災後、三陸縦断道路等が事業計画化され、この完全開通が東日本大震災の復興の大きな目玉となりますが、この地域には将来にわたっても新幹線の計画はありません。そこで、平坦地が少ない宮古市で海面を滑走路とする水上飛行艇によって沿岸域の各都市間をネットワーク化して、地域間の高速交通格差の解消を計る計画です。提案は前述の小林案の出先埠頭計画と川を挟んで対面した藤原埠頭で、小林案同様に施設全体をメガストラクチュアによる構造的工夫で、避難安全レベルを設定し津波対応を計る提案となります。日本の水上飛行艇の技術は高く、新明和工業製の水上飛行艇が海上自衛隊で当時も活躍し、この水上飛行艇を旅客仕様への変更を前提に提案したものです。陸上に滑走路をつくる必要がないことでイニシャルコストは他の高速交通システムに比べ安価で、最小限の空港施設スペースに観光・流通・商業施設等を併設して宮古市のポテンシャルを高めるよう計画したものです。

水上飛行機とは、水面から離発着できる飛行機で車輪のかわりにフロートをつけたフロ

図3　宮古湾閉伊川河口の二つの埠頭における修士設計による防災拠点の提案

図4　修士設計「宮古港出先埠頭　漁村集落プロジェクト」小林直明　1982

図5　修士設計「宮古港藤原埠頭　水上飛行艇空港プロジェクト」 関卓夫　1983

ート機と、飛行機の艇体自体で水面に浮くタイプとなる自衛隊のUS-2機の飛行艇とがあります。また水面だけでなく陸上でも離発着できる水陸両用タイプもあります。

以上両提案はメガストラクチュアによって施設全体を防潮堤としての機能とともに、上部に避難安全レベルを設定することで避難動線を確保して、施設自体と内陸部の津波被災をも低減させるという、これまで担っていた土木構造物を建築との融合のなかに示した、まさに今回の東日本大震災の復興の手本となるような作品で、今日でも高く評価できます。

復興支援の活動

3・11被災直後に復興都市モデル研究グループを産学連携によって立ち上げ、引き続いて東日本大震災復興水上空港ネットワーク構想研究会を、また3・11の直前には太陽エネルギーデザイン研究会を設立し、これらの三組織が有機的に連動しながら今回の復興支援にあたりました。

復興都市モデル研究グループ

復興都市モデル研究グループの活動についてその復興支援の内容を時系列に沿って紹介します。

①岩手県宮古市

3・11から十八日目、二〇一一年三月二十九日に岩手県宮古市田老地区を対象として津波を「かわす」計画理念での新たな防災インフラとしてのツールと、エネルギーによる復興都市モデル案のスケッチを完成させました。同三月三十一日「東日本大震災復興都市モデル――岩手県宮古市田老地区をケーススタディとして」をまとめ、直ちに主宰する日本大学理工学部社会交通工学科デザイン研究室を中心に産学連携チームを結成しました。すでに3・11の前年に設立した太陽エネルギーデザイン研究会のメンバーとなる多くの企業にも協力要請をして会員となる建設会社、設計事務所、CAD事務所や太陽光パネルの製造会社などの賛同を得て、産学連携チームの結成につながりました。

四月一日から活動を本格スタートした直後に前述の二つの修士設計をまとめた小林、関の両氏が研究室を突然訪れて支援協力を申し出てくれました。教師冥利につきるものと大変力強く感じました。このような多くの支援を受けながら、今回の被災が並外れて甚大なものであったことを改めて思うとともに、これまでのような防災提案に限定することなく、英知をしぼって未来につながる社会システムの構築が求められていると強く感じました。

どのようにして十八日間という、短時間で案をまとめることができたのかをお話ししたいと思います。

研究室の書棚には田老町発刊の「津波と防災」二〇〇七年版の小冊子が所蔵されていて、この小冊子にはこれまでの田老地区での津波被害の状況、十mの巨大防潮堤の建設のいきさつとその概要など、復興案構築のための広範囲で充実した内容とともに、当時の

図6　田老町「津波と防災」17版　2007

市民の避難システムまで掲載されていました。改めてこれらを熟読するとともに、早速市販されている二万五千分の一の地図を求め、二千分の一に拡大して市街地の地形が把握できる模型を作製しました。この模型の効果については後述します。

遠く離れた被災地に対する強い思いだけでは合理的で、継続的な支援はできません。まず、地元特に直接被災しなかった多くの人々との協力体制をつくり上げることが何よりも必要となります。私達は恩師の岩手県での設計活動によって形成された多くの人々との協力のもと支援を進めることができました。

新幹線が復旧した五月二日、岩手県土木整備部長に説明の機会を得て、前述の岩手県宮古市田老地区復興都市モデルを県庁で説明しました。これに日刊建設新聞が同行取材に加わりました。説明後、増田寛也元知事のもと副知事を務めた故竹内重徳氏、高橋敏彦北上市長らから今回の被災や復興計画の現況についての情報収集と意見交換を行うとともに、持参した復興提案を詳しく説明しました。両氏とも私達の大学、学部の同窓で、市長は教え子となる建築家で被災直後市長に選ばれました。

翌日、宮古市田老地区の被災状況を視察し、その後、山本宮古市長に先に紹介した修士設計二題とともに今回の復興案を詳しく説明しました。五月十一日には、日刊建設工業新聞誌上にこの田老地区の津波を「かわす」復興案が防災ブリッジ、コリドールと新産業起業をイメージした太陽エネルギーによる環境エネルギー都市像が全体計画図とともに掲載されました（図８）。記事についての反応は兵庫県などからあったものの、ほとんどが被災地以外からでのものでした。その後、新聞報道がきっかけとなって九月に被災地、宮古市田老地区のＮＰＯからのまちづくりの支援要請につながりました。

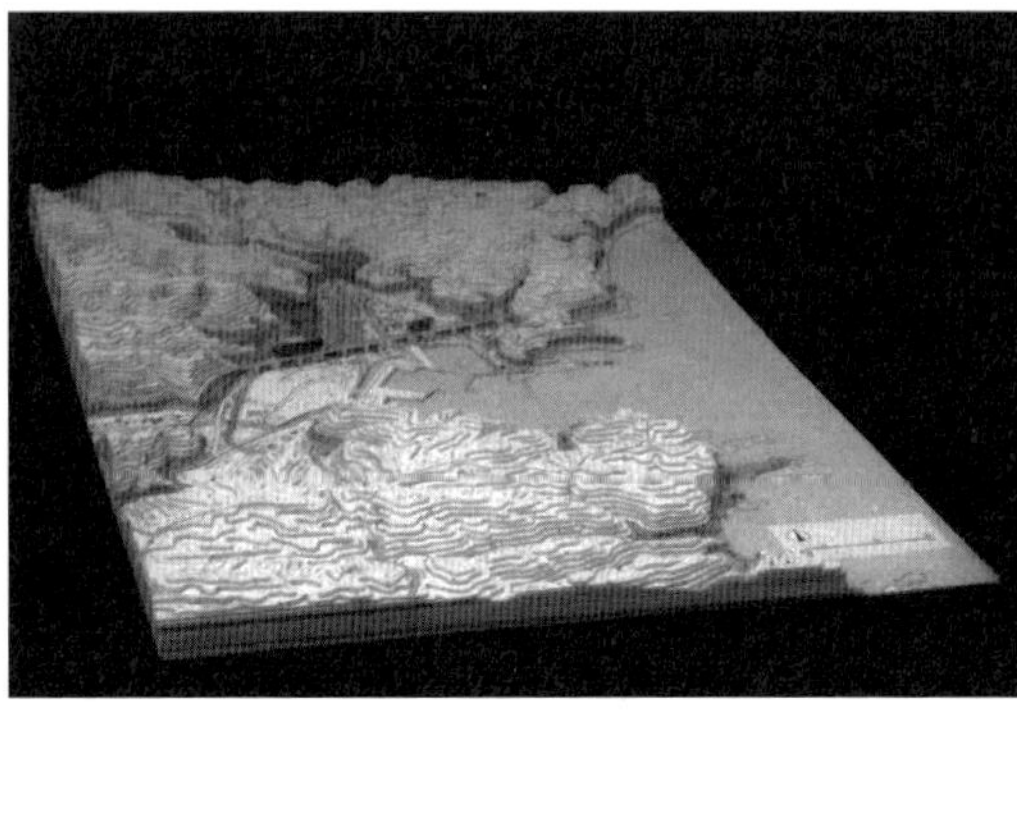

図7　宮古市田老町の復興計画案作成のための模型（1/2000）写真

東日本大震災

日大ら産学研究グループ
復興モデルプラン提示へ

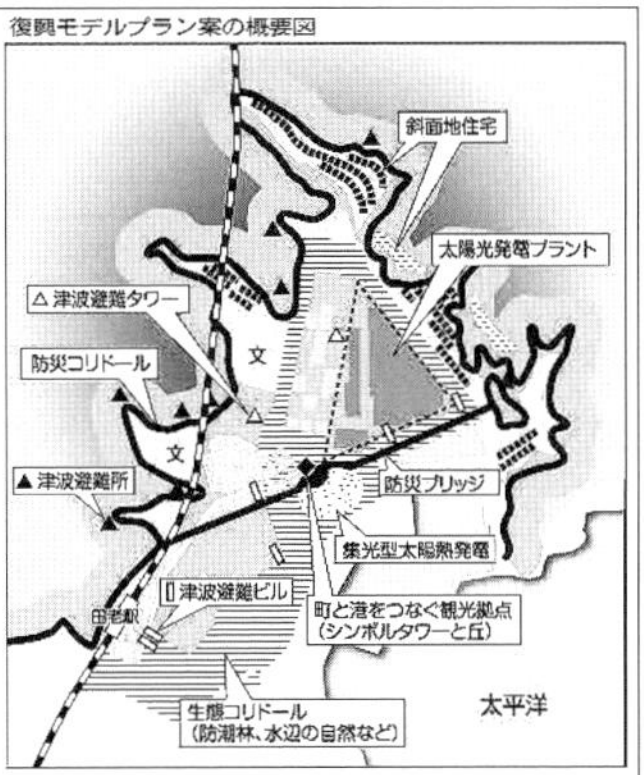

日本大学理工学部と建設会社、設計事務所、ソフト会社の研究者らで構成する復興都市モデル研究グループが、東日本大震災で津波被害を受けた地域の復興モデルプランの調査研究を進めている。湾口都市の岩手県宮古市田老地区をモデルとしたプランで、地場産業の再建を軸に新たな都市インフラとなる「防災ブリッジ」や「防災回廊〈コリドール〉」、太陽光発電施設などを整備し、防災、福祉、環境に配慮した環境エコ都市を創造する。研究グループは岩手県や地元財界にプラン案を提示しており、今月中にも研究成果を正式発表する。

研究グループは日大理工学部社会交通工学科デザイン研究室の伊澤岬教授を代表とし、3月末に発足した。義援金の拠出やボランティア活動だけでなく、デザイン、建設技術、コンピューター技術の専門家がそれぞれの職能を生かした形で被災地の復興に貢献しようと、具体的な復興都市モデル計画について検討を進めてきた。

宮古市田老地区のように湾口都市をケーススタディーとした復興モデルプラン案は、これまでの津波被害や地域特性などを踏まえ、漁業など地場産業の再建を基軸としながら▽防災都市▽太陽エネルギー都市▽ユニバーサルデザイン都市―の三つをコンセプトにした都市を創造する。

津波のエネルギーを堤防などで「抑え込む」という従来の方法から転換し、津波の道筋を考慮して「かわす」という発想に立つのが特徴。具体的なインフラ・施設として海岸沿いに防災ブリッジを整備するとともに、これと町を大きく取り囲む形で山の斜面に設ける避難安全プロムナードが連続した「防災コリドール」を形成する。

防災ブリッジは、想定する津波高（仮に20㍍）に応じて避難レベルとなる高さ（ブリッジレベル）を設定。津波が発生した場合は、防災ブリッジの構造体に仕込まれたエレベーターなどの垂直動線でブリッジレベルに避難し、さらにブリッジ上部またはブリッジとつながっている防災コリドールを利用して周辺の山に避難する。

防災ブリッジと関連した海側の防災避難ビルは、津波到来方向に棟方向を合わせて設置。さらに妻側先端をRC造による鋭角で消波効果の高い構造体の形状とするなど津波の威力を「かわす」ための提案が加わる。

復興モデルプラン案では、防災ブリッジと防災コリドールによる防災力の強化に加え、大規模な太陽光発電施設を整備する。今回の大津波で被害を受けたエリアを利用し、大量の太陽光パネルを設置する。今年1月、長野県飯田市と中部電力が同市内で営業運転を始めた「メガソーラーいいだ」の発電能力を参考に試算した結果、田老地区（36㌶）で2000万㌔㍗時の電力を供給できるとしている。これは田老地区にある世帯数を賄うエネルギー量の4倍に相当する。

研究グループによると、復興モデルプラン案は仙台市荒浜地区など浜辺近郊都市への展開も可能。津波に対する防災拠点として強固な建築群を建設し、この拠点間を防災ブリッジと防災コリドールでつないで防災ネットワークとする。さらに、こうしたモデル都市が核となる広域的なエリア間のネットワークを形成する。

研究グループは、岩手県や地元関係者からの意見を反映させ、今月中にも復興モデルプランを「東日本大震災復興都市モデル計画」として発表する方針だ。

津波かわす新インフラを
地場産業の再建を軸に

防災ブリッジ　**防災回廊**　**太陽光発電施設**

宮古市田老地区は海面からの高さ10㍍、総延長約2・4㌔の大防波堤がX字型に配置されていたが、今回の津波で甚大な被害を受けた＝5月2日撮影

伊澤教授の話

田老地区の地形を模型で見ると、広島県廿日市市の厳島神社とその周辺の地形に似ていることが分かる。厳島神社は毎年のように台風で被害を受けているが、修復によって何事もなかったかのようによみがえる。美しさと強さを増しており、今も進化の過程といえる。今回の復興モデルプラン案はこうしたことも教訓にして考えたもので、歴史的に津波被害を受け、最も進んだ津波対策をハード、ソフトの両面で進めてきた田老地区を対象にした。

復興プラン案では津波が防災ブリッジを越えても、人々はその上部に移動したり、回廊を通って避難したりできる。高齢者や障害者も平常時、非常時ともに移動できる都市インフラを備える。防災、環境、福祉をコンセプトとした計画であり、今後も被災地の一日も早い復興につなげられるよう研究していきたい。

図8　日刊建設工業新聞の「東日本大震災復興モデルプラン提示へ」記事　2011年5月11日

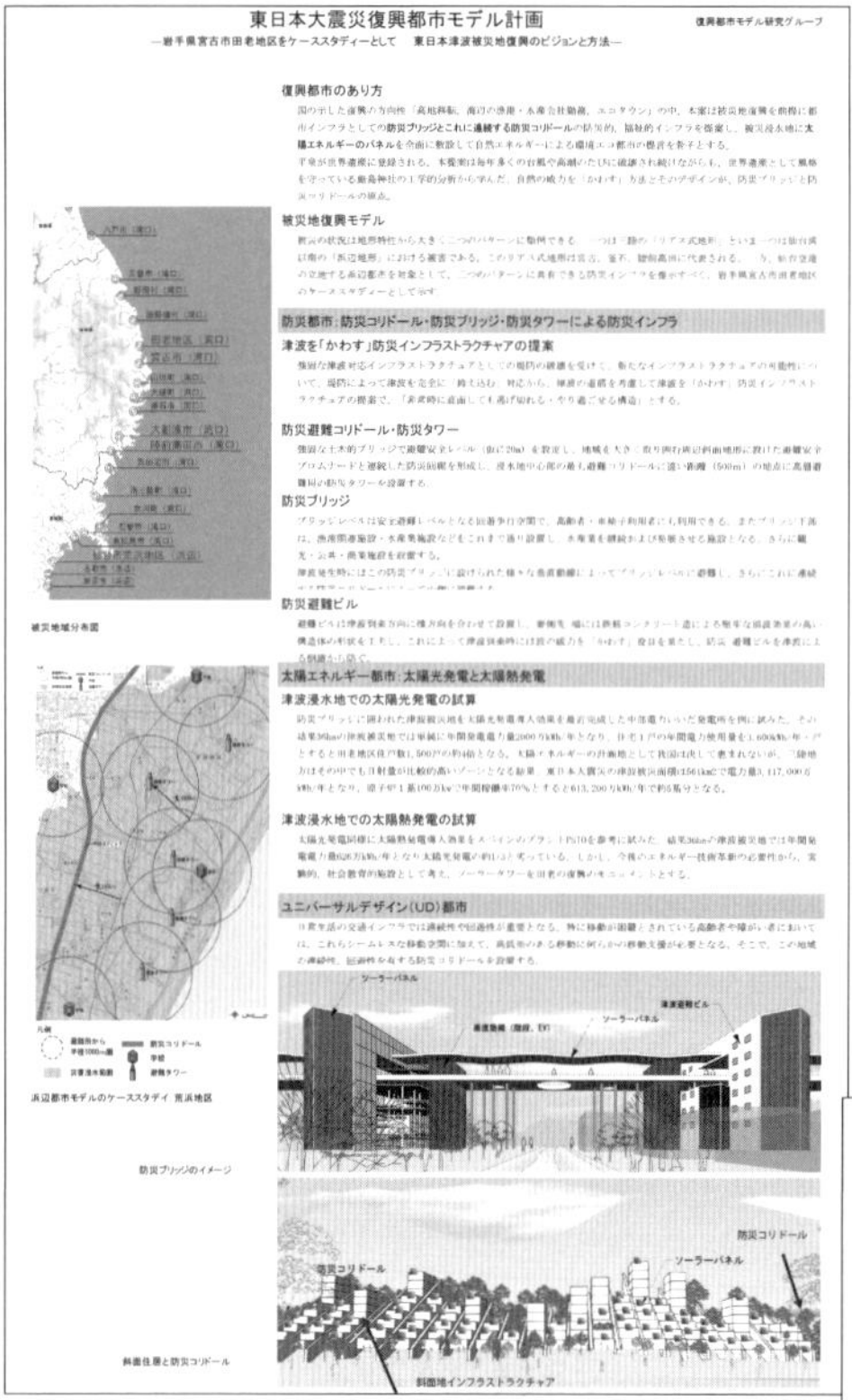

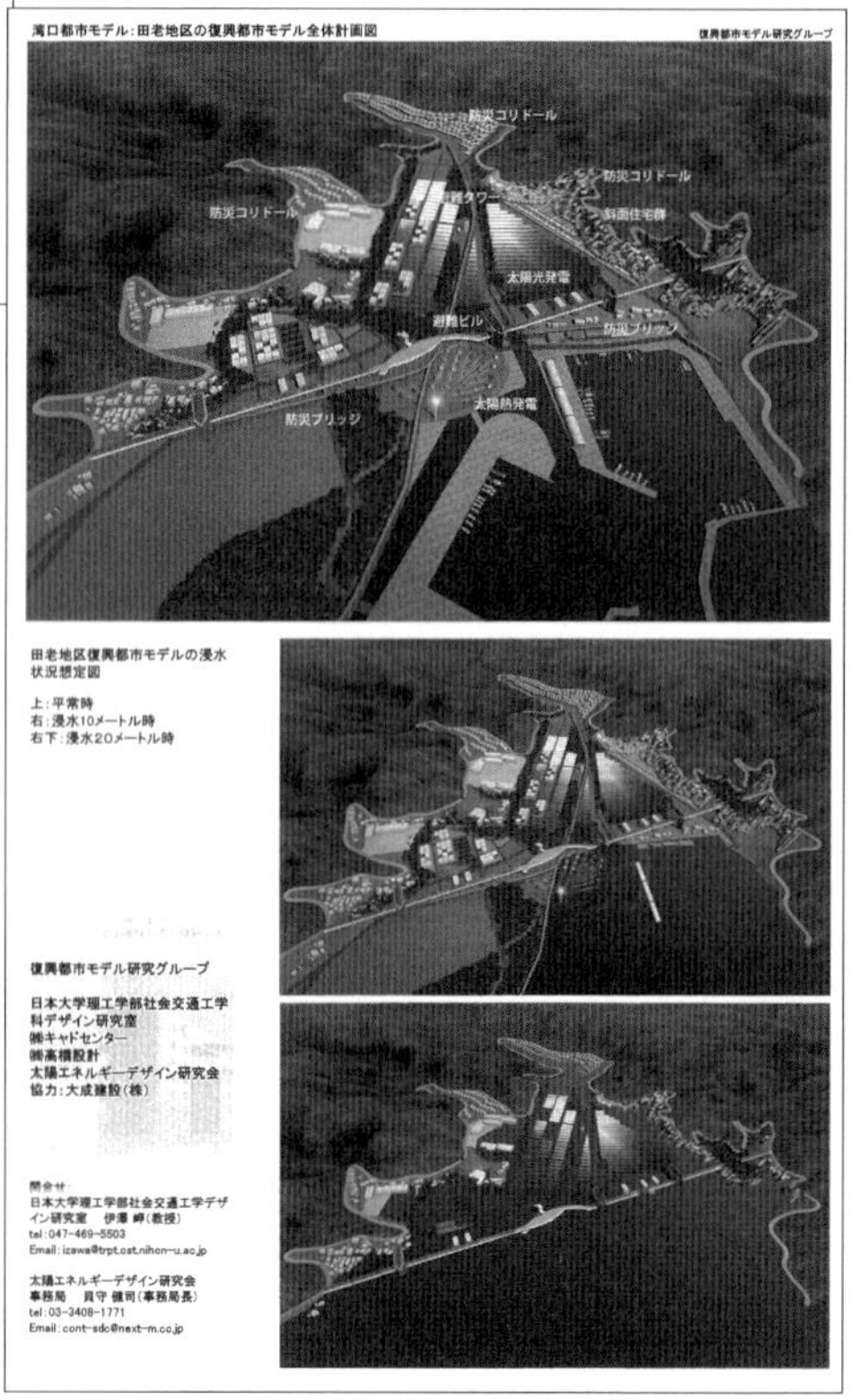

図9　「東日本大震災復興都市モデル計画」
のプレス資料　2011年5月20日

五月二十日には、前述の三月三十一日「東日本大震災復興都市モデル――岩手県宮古市田老地区をケーススタディとして東日本津波被災地復興のビジョンと方法」をコンピュータグラフィックスによりビジュアル化した復興案にまとめ記者発表を行いました（図9）。この作成には、キャドセンター株式会社に全面的な協力を頂きました。五月三十一日には再び日刊建設工業新聞にこのコンピュータグラフィックスの復興案が掲載され（図10）、同成果物を持参して再び六月十五日に宮古市長に説明に伺いました（図11）。その後九月十九日前述しました田老地区のNPO「たちあがれ田老！」の要請を受けて田老地区の津波被災者の仮設住宅地に隣接するホテルグリンピアの宴会場において復興案を詳しく説明しました。

当日は、地元メディアも多数集まり産学連携チームとして参加した菊川工業、東京エレクトロンも加わり、この二社からそれぞれ太陽エネルギー関連製品の被災地田老地区への贈呈を申し出ていただきました。菊川工業からは、田老地区総合庁舎前の被災地を見渡す高台の絶好のロケーションに太陽光パネルによる街路灯一基の寄贈で、また東京エレクトロンは、一〇kWシステムの太陽光パネル八十一枚と設置費を

支援し、実現すること役割である。うな復旧・復興計画を行するには、予算の裏要である。第一次補正災規模と比べれば少額。第二次補正予算案の定、執行を急がなけれ・復興事業は財源不足それ大である。部では、第二次補正予を秋以後に先送りしよえが強いが、これは大である。第二次補正予の先送りは被災地の殺しにするほどむごいる。政府は、第二次補を今国会に提出し、成なければならない。第予算の大幅な先送りを対に許さないであろ

（毎週火曜日掲載）

被災地の復興へ モデル計画提案

日大ら産学研究グループ

大成建設が協力

大学や設計事務所などで構成する復興都市モデル研究グループ（代表・伊澤岬日本大学理工学部教授）が、東日本大震災で津波の被害を受けた地域の復興都市モデル計画をまとめた。湾口都市の岩手県宮古市田老地区をモデルとした計画で、新たな都市インフラとして「防災ブリッジ」とこれに連続する「防災回廊（コリドール）」などを整備。津波の浸水地に太陽エネルギーのパネルも敷設し、防災・福祉インフラを備えた環境エコ都市を創造する。

研究グループは日大理工学部社会交通工学科デザイン研究室（伊澤教授）、キャドセンター、高橋設計、太陽エネルギーデザイン研究会で構成し、モデル計画の作成に当たっては大成建設の協力を得た。

新たに提案する復興都市モデルは、▽防災都市▽太陽エネルギー都市▽ユニバーサルデザイン都市―の三つをコンセプトとしたもので、津波のエネルギーを堤防などで「抑え込む」という従来の方法ではなく、津波の道筋を考慮して「かわす」という発想に立った防災インフラを整備するのが特徴だ。

防災ブリッジは、想定する津波高に応じて避難安全レベル（仮に20㍍、ブリッジレベル）を設定する。回遊歩行空間となるブリッジレベルは高齢者なども利用が可能で、ブリッジの下部には漁港関連施設や水産業施設などを配置する。

津波の発生時は、防災ブリッジに設けられたエレベーターなどさまざまな垂直動線を使って安全なブリッジレベルに避難し、さらにこれと連続する防災コリドールを利用して周辺の山に避難する。

浸水地の中心部で最も防災コリドールと遠い距離（500㍍）にある地点には高層避難用の防災タワーを建設するほか、防災ブリッジと関連した施設として防災避難ビルを設置する。このビルは津波が到来する方向に棟方向を合わせるとともに、妻側の先端をRC造による堅牢で消波効果の高い構造体の形状とし、津波の威力をかわすことで被害を防ぐ。

「抑える」から「かわす」防災へ　来月8日に説明会

復興都市モデル計画では太陽光発電や太陽熱発電の施設も導入する。防災ブリッジで囲まれた津波被災地に大量の太陽光パネルを設置。太陽光発電量を試算した結果、田老地区（36㌶）で年間2000万㌔㍗時の電力を供給できるという。

復興都市モデル計画は宮古、釜石、陸前高田などに代表されるリアス式地形の湾口都市だけでなく、仙台空港などが立地する浜辺都市にも展開できる。

今回まとめた東日本大震災復興都市モデル計画については、伊澤教授が6月1日に「第16回R&R建築再生展2011」（会場＝東京都江東区の東京ビッグサイト）の講演で説明するほか、8日午後3～5時に太陽エネルギーデザイン研究会事務局（東京都港区のネクスト・エム内）で説明会を開く。

田老地区の復興都市モデル計画図（平常時）㊤と浸水20㍍時の想定図

図10　日刊建設工業新聞の「被災地の復興へモデル計画提案」記事　2011年5月31日

含め被災地を見渡す中学校の校庭に設置することとなりました。

翌日、宮古市長不在のため名越副市長に前夜の講演の報告と二社からの寄贈を正式に申し出ました。

②宮城県石巻市・南三陸町・荒浜地区

大手シンクタンクからの協力要請で津波を「かわして逃げ切る」理念による復興案の宮城県被災地への汎用性についての説明のため、八月三十一日宮城県庁で「東日本大震災復興都市モデル計画書――宮城県石巻市・南三陸町・荒浜地区における防災ネットワークの形成」として、大型パネルを持参して震災復興企画部担当課長らに説明しました。

③塩竈市

所属する日本大学理工学部主催の東日本震災関連シンポジウムが東京・お茶の水のキャンパスで開催され、OBとして佐藤昭塩竈市長が招かれました。シンポジウム後、初対面ではありましたが宮古市田老地区同様、太陽光パネル街路灯の寄贈を市長に申し出、十二月十六日、この太陽光パネルの街路灯の設置場所の確認に合わせて作成した「塩竈市・防災都市構想」を市長に説明しました。また、当日水上機の塩竈港でのデモフライトとこれに関連する復興シンポジウムの地元での開催を申し出ました。

塩竈市への復興提案は、その後防潮堤の嵩上げとともに田老地区で提案した防災ツール「防災ブリッジ」とを二線堤の一つとしてとして採用され、これが「観光プロムナード」として事業決定にいたりました。この二線堤は、後述する「減災」手法の一つで、防潮堤

図11　宮古市山本市長(左)に復興提案を図面パネルで伊澤(中央)、小林(右)が説明　2011年6月15日

と防災ブリッジの二つの防災インフラによって互いにバックアップできる防災対応で、具体的には観光船の発着場前の防潮堤の高さを抑えるために、この防災ブリッジの採用となります。

④気仙沼市

被災の翌年二〇一二年一月には、震災後被災地での実施に向けた本格的なまちづくりコンペ「気仙沼市復興まちづくりコンペ」が開催されました。港街としての海辺のにぎわいのなかに主催者から求められた巨大な防潮堤に対して、「防潮堤の建築空間化」「防潮堤の避難路化」と「水門と海へのビスタ」による防災ツールの提案で、「建築」と「土木」の融合のなかに津波を「かわして逃げ切る」新たな防災ツールの組合せの提案となります（図12）。

私達の提案は一次審査で最終十案に選ばれ、同年四月二十九日、三十六人の被災市民も審査員に加わっての公開の審査会で「佳作」に選ばれましたが、実施案となる一等案は超ハイテク技術による浮上式防潮堤案が選ばれました。この一等案のプレゼンテーションを聞いて、原発事故の引き金になった外部電力が途絶えたときのことが脳裏に浮かびその安全性が懸念されるとともに、デザイン案でなく技術提案が選ばれたことに大きな違和感を覚えました。「佳作」に選ばれての小さな喜びのなか、すでにスタートしつつある東日本の被災地全体の復興計画にもつながる技術偏重主義の延長線上の提案と感じ、自然を制御できるという明治以来の根強い考えに絶望しました。その後一等案は国の強い指導によって実行案とはならず、実施案がどのような経緯でまとめられたのかについてコンペ参加

「にぎわいの風水」と「自然の風水」の二重風水構造のまち

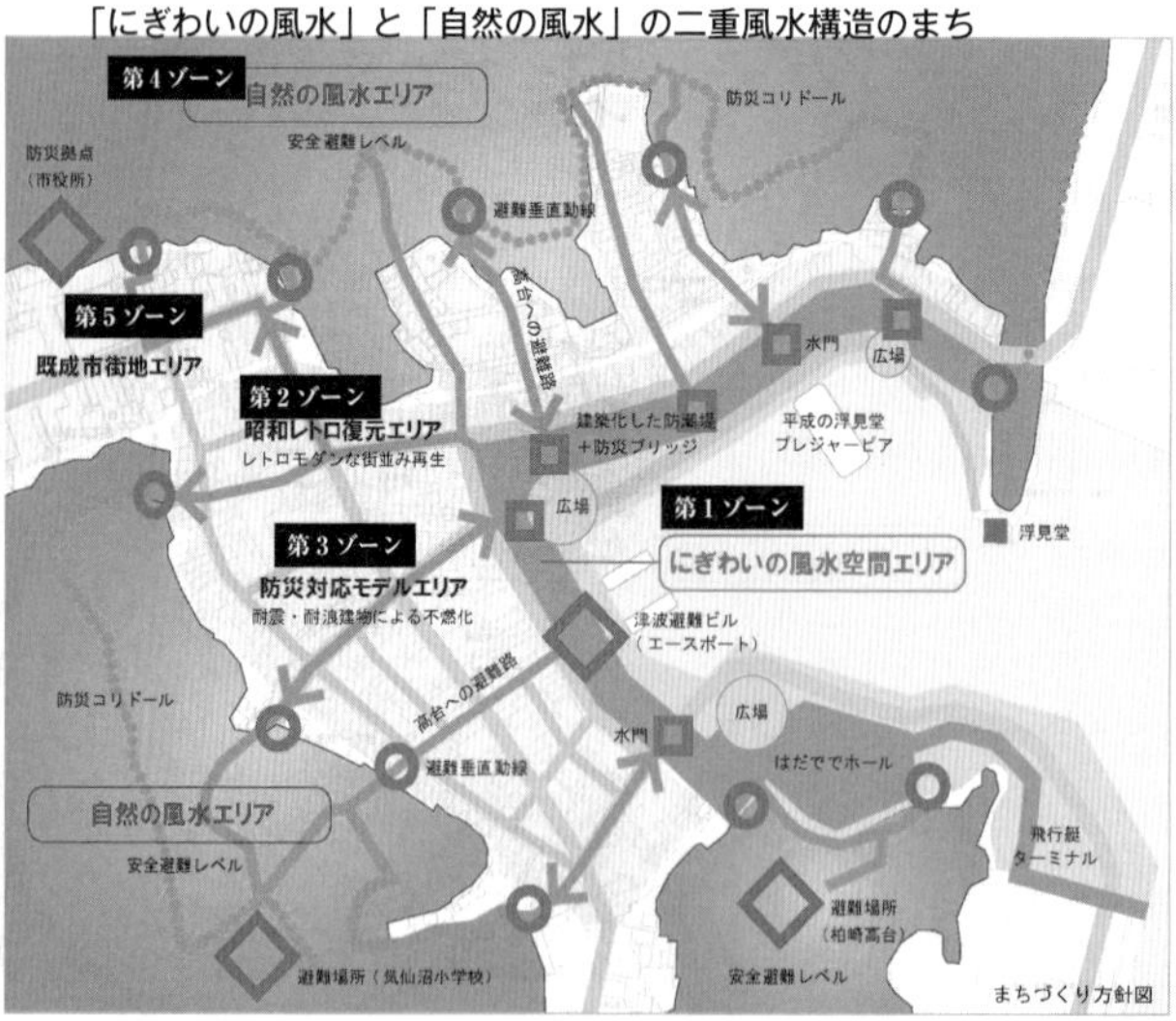

■気仙沼の原風景を守る5つのゾーン

5つのゾーンにより、気仙沼の自然の風水と、今回提案する防災計画とを合致させたい。いままで培われてきたまちの原風景を守ることで、住民の気仙沼に対する親しみと思いを尊重し、二重風水構造のまちづくりを実現する。

また明確なゾーン分けは、各整備事業の単純化につながり、復興スピードを上げることになる。

避難計画　逃げ切れる2重の防災避難ネットワーク

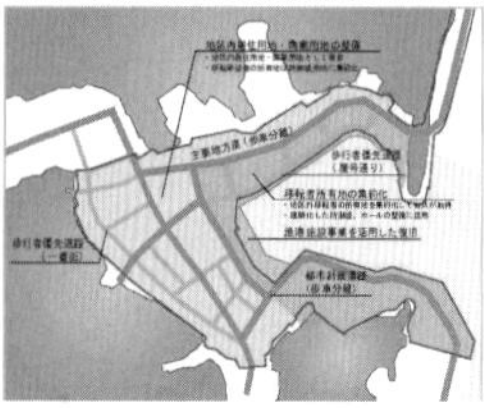

●5分以内で安全避難レベルに到達

既存の避難場所または安全避難レベル（TP.10m以上）と、今回提案した防潮堤建築までの避難距離は150〜200mとなる。老人等の弱者歩行速度でも5分以内で安全避難レベルまで到達でき、逃げ切る2重の防災避難ネットワークがまち全体を取り囲む。

●防災ブリッジの機能をもつ防潮堤

建築化した防潮堤の設置場所は観光客・市民が集中するところでもあり、防災ブリッジ（連続的避難路）として機能させることで、最終的には安全な避難ビルや自然の高台にアクセスできる。

土地利用計画　海と港と食を楽しむ「にぎわいの風水空間」

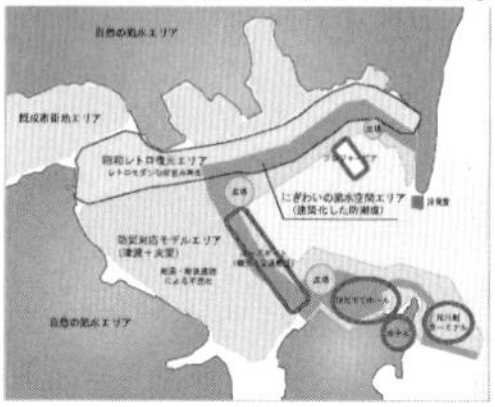

●集客施設を備えた立体的な街並み

三方を山に囲まれた気仙沼の「自然風水」を彷彿させる新たな「にぎわいの風水空間」は、海と港と食を基調として観光、商業、飲食、文化の集客施設を備えた立体的なにぎわい街並みを形成する。また、にぎわいのシンボルとして「プレジャーピア」を提案する。

●防潮堤を背割りとした建築空間による街並みを形成

防潮堤ラインを海辺から1ブロックセットバックさせ防潮堤の立ち上がり背割りに、海側のにぎわい空間と既存市街地のにぎわい空間を配置する。防潮堤内外に新たな街並み形成ができる。

事業計画　移転者所有地を市が取得して港沿いに集約

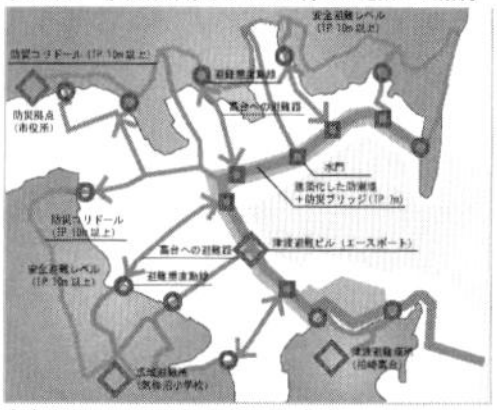

●負担の少ない市街地整備事業

地区外移転者の所有地を、都市再生区画整理事業により防潮堤用地を集約化して換地する。移転者所有地を市が取得して、建築化した防潮堤用地にすることにより、減歩率を最小限に抑える。防潮堤の内陸地で居住を希望する土地所有者は、減歩の負担なしで区域内に戻ることを可能にする。

●歩行者に優しい道路整備事業

屋号通りや一番街周辺は、歩行者優先道路として歩いて楽しい街路にする。また都市計画道路は安全な歩車分離とする。

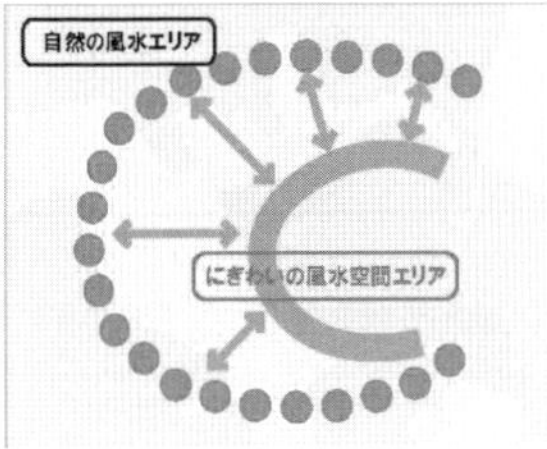

■自然の風水を守る

復興計画を具体化し、これまで湾口防潮堤のないところまでも高さ10mを超える計画多くの被災地で進められている。この巨大防潮堤に対して、いくつかの問題が指摘されている。

第一は巨大なコンクリートの壁で立ちふさがれて観光産業への影響は大きく、漁民は巨大防潮堤で隔離されけ、文化や生活の根幹が失われる。第二にもっとも懸念されるのが、その土地の自然や風水が失われることである。

気仙沼の地形は京都のような三方を山に囲まれた風水の適地で、これを第一の風水空間とするならば、第二の風水空間を防潮堤の空間化によって新たに創り出す。まちは山々による既存の「自然の風水」を守り、新たに「にぎわいの風水」を加えた二重風水構造のまちとなる。

■「かわす」防災まちづくり

海岸からセットバックして建築空間化する防潮堤をつくることで「にぎわいの風水空間」を海辺に再現し、水産業の活動性、および気仙沼の独特な親水性の感じられるまちなみの風景と観光機能を守り、津波に対する安全性の両立を図った。

土木と建築が合体している「建築化した防潮堤」の最上部は安全避難路である防災ブリッジとして機能させる。また既存の「自然の風水」に設けた安全避難レベルと連結して、どこからでも逃げ切れる、やり過ごせるようにまち全体を「二重の風水による二重の防災ネットワーク化」する。このような防潮堤によって、津波を「抑え込む」考えに対して津波を「かわす」まちづくりを提案する。

図12-1　気仙沼市復興まちづくりコンペ佳作案「にぎわい風水都市空間
——建築化した防潮堤による二重の防災ネットワーク」

■ 防潮堤建築のダイアグラム

STEP1：防災ラインの確立

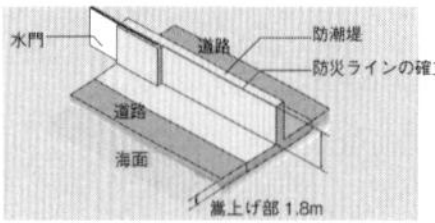

・防潮堤整備範囲（海から1ブロックセットバック）は地区外移転希望者所有地と換地して市が復興用地として取得。
・公共事業による土木工事で防潮堤を築きH=7mの防災ラインを確立し、安心安全を早期に担保する。
・防潮堤の定盤自体が嵩上げTP.+1.8mに相当する。

STEP2：防潮堤の建築化

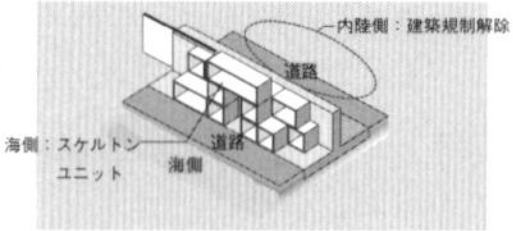

・高強度コンクリートのスケルトンユニットを防潮堤に緊結する。
・海側のスケルトンユニット緊結までは公共事業で行う。
・防災ラインが確立された内陸側は建築規制を解除。
・スケルトンが防潮堤の補強材となる。

STEP3：にぎわい風水とレトロモダンの街並み整備

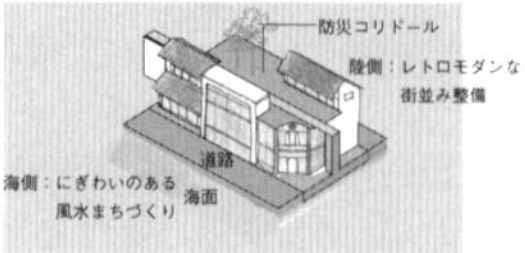

・海側のコンクリートスケルトンユニットに建物外壁と内装・設備を施し、にぎわいのある風水まちづくりとする。
・内陸側は民間によるレトロモダンな街並みなどを整備。

■ 断面図：防災ブリッジと風水空間内外をつなぐエースポート

・防潮堤の立ち上りの背割りに、海側のにぎわい空間と既存市街地のにぎわい空間を配置。
・レベル2の津波（1回／1000年）に対応できるよう避難回廊高さ7mとし、防災ブリッジだけでなく、風水空間内外の眺望空間となる。
・さらに2つの風水空間を風の道となり、「自然の風空間」として海の気配を感じることができる。
・防災ブリッジ高さ7mの上階に、エースポートや多目的ホールの集客空間を配置し、想定7mを超えた津波来襲時の安全避難空間となり、被災後には一時仮設住宅としての機能ももつ。

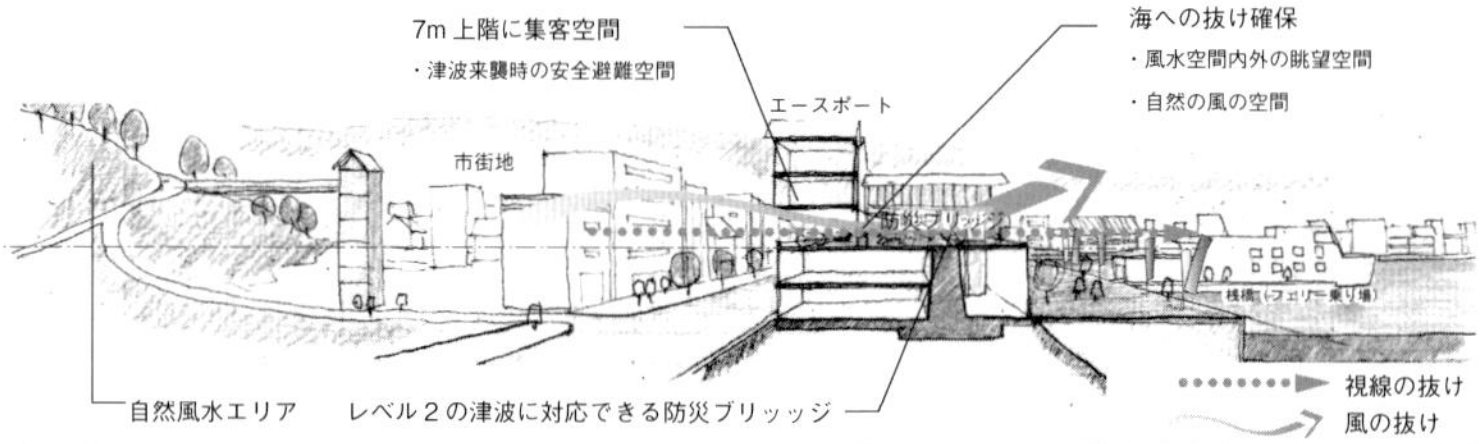

■ 建築化された防潮堤整備のための区画整理推進イメージ

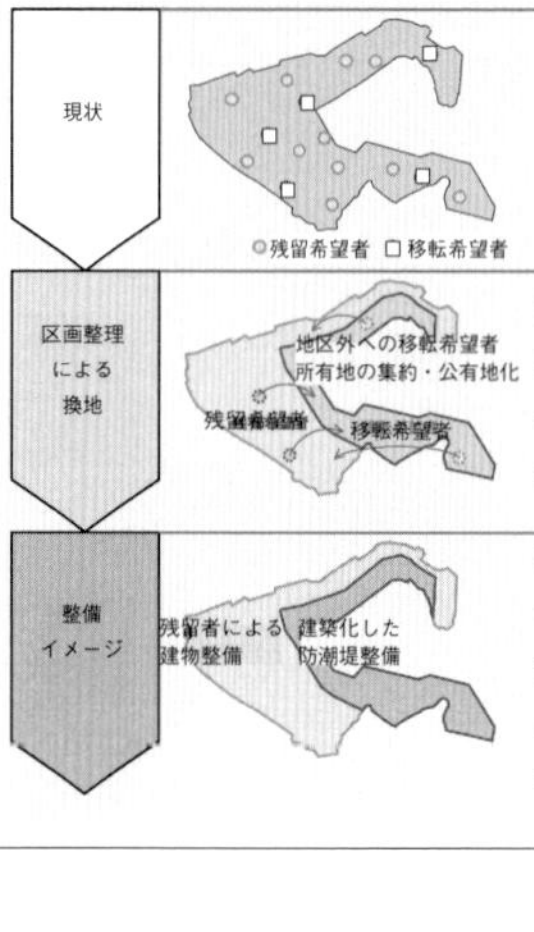

現状では地区内残留希望者の土地と移転希望者の土地はランダムに分布している。

換地により地区内残留希望者の土地は防潮堤の内陸側に集約化する。また、移転希望者の土地は防潮堤用地などの公共用地に集約化し公有地化を図る。

移転希望者は個別に転居、または集団移転を行い、防潮堤整備などを進める。公共施設整備用地は移転希望者の土地を活用することから、残留希望者は減歩の負担をなくすことができる。

■広域観光：東北地方全体の連携を高め気仙沼を活性化する

・水上飛行艇の付加による東北全体のネットワーク化を図る。

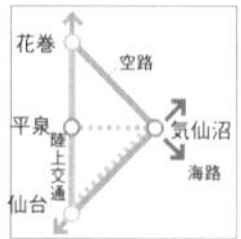

・観光広域ネットワークをつくる
気仙沼～平泉（歴史文化）
気仙沼～塩釜（三陸漁港）

新たな「にぎわいの風水空間」による街並みの形成

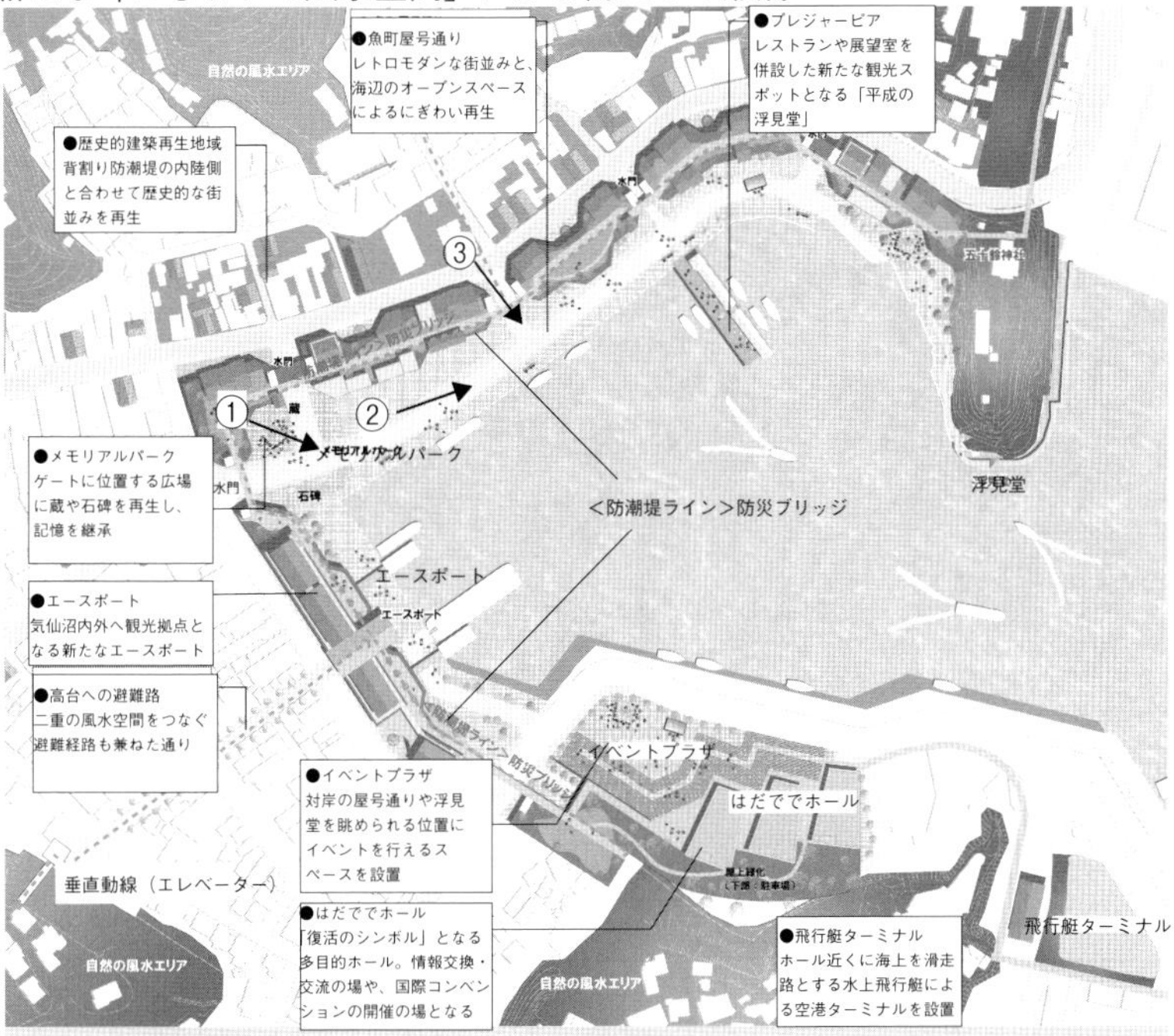

①海の眺めを楽しめる回遊動線

にぎわい風水空間と防潮堤

②にぎわう港・屋号通り

屋号通りとプレジャーピア
によるにぎわい再生

③レトロモダンの街並み再生

レトロモダンな街並みと水門
上部の防災ブリッジ

■復旧・復興のスピードを上げ、低コストで可能な事業スキーム

・既設インフラ、計画道路を基本的には変更なしで復旧することにより早期復興につなげる。

・防潮堤建築を最優先に整備することにより安全、安心を担保し、復興の機運を高める。また、嵩上げなどの整備を最小限に抑え、コストを低減する。

・土地利用計画を明確にすることにより復興交付金を効果的に活用するとともに、街並み景観整備については効果促進事業を活用して気仙沼独自の取組みとして実現する。

	平成24年度	平成25年度	平成26年度	平成27年度
区画整理エリア（平地部）	既設インフラの復旧（道路、下水道事業（市＋県事業） 被災住宅の除去（住宅地改良事業・民間支援）		●残留者による建物整備　復興建物の整備（住宅改良事業・民間支援） 共同建替え（優良建築物等整備事業、市街地再開発事業・民間支援） 街並み景観整備等（効果促進事業・民間支援）	
	●移転希望者所有地の集約化 復興用地取得(津波復興拠点整備事業・市事業)	地区外移転（個別移転＋防災集団移転促進事業・民間支援）		
	●移転希望者所有地の集約化 建築化された防潮堤整備のための区画整理事業（市事業）		●建築化した防潮堤整備（年防災推進事業＋住宅市街地総合整備事業・市事業）	
		●建築化した防潮堤整備(エースパート部分先行)		
			垂直避難施設（津波防災拠点施設整備・市事業） はだででホール整備（津波復興拠点施設整備・市事業）	
漁港エリア	漁港施設用地嵩上げ、排水対策等 （漁業施設機能強化事業・市事業）	船舶離発着施設、プレジャーピア整備 （水産業共同利用施設復興事業・市事業）		
傾斜地エリア	防災コリドール整備（道路事業・市事業）			

図12-2　気仙沼市復興まちづくりコンペ佳作案「にぎわい風水都市空間
――建築化した防潮堤による二重の防災ネットワーク」

者、受賞者に説明がないまま工事がスタートして今日にいたっています。

この気仙沼でのコンペは被災地の自治体が主催したまちづくりコンペとしては、結果的に唯一の例にとどまりました。当時の復興への挑戦を具現化した画期的なコンペであったと思っています。

この顛末は、最終章で紹介したいと思います。

⑤南海トラフ

震災の翌年の十月十四日、国の中央防災会議での南海トラフに関連した発表をきっかけに、これまで私達が提案してきた岩手県宮古市田老地区や宮城県塩竈市、気仙沼市での成果が今後被災地以外でも活かされると感じました。これは、南海トラフによる太平洋岸での予想される津波がこれまでの予測を大きく上回り、高防潮堤などによる「抑えこむ」方法にとって代わり、「かわして逃げ切る」構想への方向転換が現実味を帯び、関連する自治体にこれらの方法による提案をすることとしました。

まず、静岡県の私達の大学のＯＢによる地元での同窓会が主催して南海トラフ対応のまちづくりの講演会が沼津市で行われ、栗原市長も参加して頂きました。その後、高知県では「かわして逃げ切る」考え方を、これまで提案してきた「防災ブリッジ」の考え方を自己完結型とでもいえる防災ツール「防災輪中」※として生活に密着した防災ツールとして提案しました（図16）。この「防災輪中」の発想の原点は、南海トラフの発表当時「防災タワー」が対処療法的な防災インフラとして度々取り上げられるようになりました。コンビニやまちの図書館のように、市民が普段使いできるような施設と共存できる防災ツール

※輪中
水害を防ぐため、家、屋敷を堤防で囲んだもの。木曽三川に挟まれる低地帯で行われてきた水防のための集落が有名。

た。京都の町家などを参考に敷地の狭さを払しょくする空間創出や環境と人に優しいデザインを提案。年内に工事に着手する。

❽雨水排水施設整備を一括委託

宮城県石巻市は、雨水排水施設の整備を一括して委託するための基本協定を日本下水道事業団と締結した。新設する19施設と、機能アップを図る既存５施設の計24施設が対象。ＪＳの支援で復旧・復興事業を加速させる。

⑯六本木に不思議な形のビル出現

東京・六本木で、重力を超越したかのような錯覚を感じさせる形をした高層ビルの建設工事が進んでいる。テレビ朝日が計画した複合開発プロジェクト。設計・施工を担当する竹中工務店の現場をリポート。

発注公告 ❻❼

お問い合わせ
記事について　TEL03-3433-7161/FAX03-3433-1042 Email mail-ed@decn.co.jp
購読について　TEL03-3433-7152/FAX03-3431-6301 Email mail-sa@decn.co.jp
広告について　TEL03-3433-7154/FAX03-3431-6301

「抑え込む」から「かわす」へ

津波に強いまちづくり

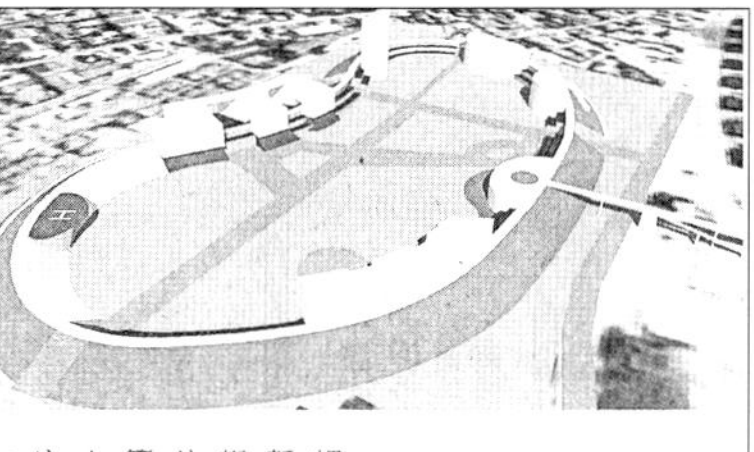

輪中防潮堤による避難コミュニティーのイメージ。防災ブリッジの建設、緑の輪中と水門の建設、施設の建設という段階を経て整備する

日本大学理工学部交通システム工学科の伊澤岬特任教授、轟朝幸教授らの研究グループが、新たな津波防災の考え方に基づくまちづくり構想を提案している。普段から利用できる防災ブリッジや防災コリドール（回廊）など土木と建築の融合型施設を整備し、地域のコミュニティーを保ちながら津波に対する防災・減災力を高める。東日本大震災の被災地に向けた復興プランとして提案してきたが、これらを応用して南海トラフ巨大地震で大津波に襲われる危険性の高い地域もケーススタディーの対象とし、新たに「高知県防災都市構想」をまとめた。

日大研究グループ提案　「普段使い」コンセプト

伊澤教授らの構想は、津波に対して防潮堤をかさ上げして「抑え込む」といった考え方ではなく、津波の道筋を考慮しながら「かわす」という発想に立っているのが大きな特徴だ。

湾口地形の都市では、海岸沿いに津波対策として防災ブリッジを整備。併せて防災コリドール、斜面住居、斜面インフラ、避難ビルなどを建設する。防災ブリッジは、想定される津波高に応じて避難レベルとなる高さを設定する。

津波の発生時には避難者がブリッジの構造体に仕込まれたエレベーターなどの垂直動線でブリッジ上に移動。さらにブリッジ上部またはブリッジとつながっている防災コリドールを利用して周辺の山など高台に避難する。

平野が広がる浜辺地形の都市に対しては、防潮堤で囲まれた施設集合体の避難コミュニティーを提案。RC造の防災ブリッジを核にして、東日本大震災の津波で発生したがれきも利用して緑の輪中防潮堤を築造し、環境対応を兼ねた防災施設とする。この避難コミュニティーは、区画整理をすることなく既存の街区そのままとし、防災拠点になり得る学校病院、役所などの公共施設を中心に構成する。

研究グループは、高知市をはじめ南国、須崎、四万十、土佐清水、宿毛、中土佐、黒潮の県内各市町について、それぞれの地域特性に応じた防災都市プランを作成した。津波の進路を予想してかわすことで、いつでも、どこでも、どこからでも５００㍍以内の高所に逃げ切れるまちづくりのネットワーク化を実現する。

伊澤教授らは、高知県を対象とした防災プランづくりに先駆け、東日本大震災で被災した岩手県宮古市田老地区、千葉県旭市の防潮堤や低地のかさ上げに代わる復興プランを検討。田老地区に防災コリドールや斜面住居などを、旭市に輪中式避難コミュニティーをそれぞれ形成するプランを提案している。宮城県気仙沼市が主催した復興まちづくりコンペでは、防潮堤の前後に街並みを復活させ、その天端を防災コリドールとするだけでなく日常の動線にも使う提案を行っている。

伊澤教授は高知県防災都市構想について「これからは津波に強いまちづくりによる普段使いの防災施設が求められている」と話し、実現に当たってはPPP方式の採用も一つの有効なスキームになるとしている。

図16　日刊建設工業新聞の「津波に強いまちづくり」記事　2013年4月5日

の必要性が求められるなかで、防災に特化した無人のタワー設置に疑問を抱いての提案となります。これは安全のために、あまりにも即物的な施設に対しての小さな絶望を感じての提案です。

原案は、すでに述べました国際コンクール「夢シティ21への提言」で受賞した「東京湾防災都市構想」で提案した、堤防に囲まれたクレーター型の防災拠点で、当時は構造的工夫にまで踏み込んだものではありませんでしたが、今回はその検討を加えての提案となります。具体的には後述する千葉県旭市いいおか復興観光まちづくりコンペで「佳作」に選ばれた提案（図17）をベースに、その後、高知県並びに県内の自治体に提案しました。

前述しました兵庫県からの最初となる宮古市田老地区の復興提案に対する問い合わせは、3・11の一年半後の南海トラフ発表を先取りしたタイムリーな反応でした。新聞に掲載された宮古市田老地区で提案した防潮堤にかわる「防災ブリッジ」「防災コリドール」がそのまま兵庫県の津波到来予想地でも使えるというものでした。被災直後の提案に対して被災地でない行政ならではの冷静な高い評価に改めて感謝したいと思います。

その後、研究室の最後の卒業設計生となる安住幸恵さんが卒業設計「兵庫県南あわじ市福原　防災都市モデル計画」としてその成果を報告することができました。

⑥千葉県旭市いいおか

気仙沼市の復興まちづくりコンペに引き続き、復興コンペが、キャンパスのある千葉県で開催されました。首都圏では3・11による被災の実感があまり湧きませんが、銚子市の南に隣接する旭市飯岡漁港を中心に千葉県側の九十九里浜の北端となる浜辺都市では今回の津波によって多くの犠牲者を出しました。このコンペは、行政の指導のもと民間団体が中心となって催された、まちづくりのアイデアコンペで、二〇一三年三月三日「旭市いいおか復興観光まちづくりコンペ」の最終審査会が多くの市民も参加して現地で行われました。ここでは、津波を「かわして逃げ切る」方法で「防災ブリッジ」の平坦地における自己完結型の防災ツール「防災輪中」を提案して「佳作」に選ばれました。

リアス式海岸特有の凹地形の田老地区に対して、まったく丘のない、いうなれば浜辺地形に拠点的に防災ブリッジと同様の機能と構造を応用しての提案となります。

このアイデアコンペとは一等案に選ばれても実際に建設されない、実施コンペとは異なるコンテストのカテゴリーで、これもアンビルドな提案となります。

太陽エネルギーデザイン研究会

アメリカの前大統領オバマは二〇〇九年、就任直後新しいエネルギー社会の未来像を高らかに掲げました。いわゆるグリーン・ニューディール※政策で、これを具現化したスマートグリッドの考えをベースとしたものです。大統領就任に合わせて未来のエネルギーによる新たな社会システムの構築を宣言しました。

当研究会の設立は、この大統領メッセージ後で、3・11直前となります。3・11後、原発の稼動についての議論のなかタイミングよく国の電力固定価格買取制度がスタートして、太陽エネルギーや、風力エネルギーなどといった再生エネルギーを援護する「再生可能エネルギー法」が誕生しました。この法律による電力の固定価格買取り制度はその後、電力自由化へとつながり大きくエネルギー政策は動き出しました。さらに、低炭素社会を

※グリーン・ニューディール
環境分野への大型投資で、地球温暖化防止と景気浮揚の両立をめざす。一九二九年後の大恐慌時、F・ルーズベルトが打ち出したニューディール政策になぞらえる。

観光・防災コミュニティのしくみ

光と風と緑の「輪中」と海上ピア

体験型防災研修センター「いいおか防災学校」と防災コミュニティ

被災を契機に防災教育プログラムを子どもから成人まで、受講・体験プログラムを開設する。近隣大学の教員・学生が連携し、地域ボランティアの協力のもと、防災、復興の各種講座を開設する。阪神大震災後、防災教育を推進している兵庫県立舞子高校環境防災学科のカリキュラムを参考に、津波での教訓を工学的な観点から新科目として加えることにより、1．復興にかかわる人材、2．南海地震による防災行政にかかわる人材、3．海外の防災に関わる交際的人材育成を目的に行う。

以上のような防災都市は、復興スピードが遅い東北被災地における復興施設としても適用できるとともに、今後発生すると予想させる東南海トラス地震による津波防災モデル都市としても位置付けることができる。

カリキュラム／参加対象	防災教育科目				新工学系科目						
	環境と科学	社会環境と防災	自然環境と防災	災害と人間	津波と防災	瓦礫と防災	歴史と防災	建築と防災	土木と防災	原子力と防災	ＢＣＰ
	地域性を活かしながら防災を自然科学の視点から学習する講座	災害定義や防災方法の基礎的知識を習得する講座	科学や生物の基礎的知識や環境問題のメカニズムを習得する講座	つながりや助け合いの重要性の理解する講座	流体力学講座 ・津波側圧に耐えうる構造物の実験と研究	環境工学講座 ・瓦礫時における環境対策（アスベスト・放射線等）	過去の震災におけるアーガイブ研究 ・古文書、石碑、地層等の研究	防災建築講座 ・自然素材によるプリミテイブ建築の被災時住居の実験と研究	防災土木・防災交通講座 ・巨大構造物から脱却する土木構造物の研究（建築化防潮堤等）	原子力防災のしくみと対応講座 ・原子力に代わる自然エネルギーの研究	BCP 講座 ・社会全体の事業継続計画の研究（行政対応）
家族連れ	(講座例) 1.	(講座例) 1.	(講座例) 1.	(講座例) 1.				(講座例) 1.			
小・中学生	いいおかフィールドワーク	緑の輪中避難訓練・救護活動体験	災害発生のしくみを知る（研究施設内）	地域の語り手による体験談				仮設住宅講座			
高校生	2. 緑の輪中の森づくり体験			2. 災害支援とボランティア	(講座例) 1.	(講座例) 1.	(講座例) 1.	2. 放置竹林を利用した仮設住宅及びテント設置体験	(講座例) 1.	(講座例) 1.	
大学生		2. 緑の輪中防災コミュニティセンター体験	2. 災害に関わる情報を知る		遠浅地形と大津波のメカニズム	瓦礫処理と緑の防潮堤	アーガイブ研究の紹介		水門と津波（研究施設内）	原子力防災と地域社会	(講座例) 1.
社会人（一般成人）											企業の防災対策と BCP

地域と防災コミュニティづくり

東日本大震災のような大規模な被害を伴う有事の際、行政対応能力では限界があることから、自治会·町内会や近隣大学、「いいおか防災学校」の受講生を中心とした地域住民の連携による地域体制づくりを協働で行なうことで迅速な初動対応が行えるようにする。具体的には、避難所に必要とされる（1）地域防災活動の拠点、（2）情報拠点、（3）医療救護拠点、（4）物資供給拠点、以上の4点の機能を設置し、被災時の運営を行う。

（1）地域防災活動の拠点
被災時に円滑な活動を行えるよう、浸水しないオープンスペースを海側の避難施設として機能させることで、活動拠点としての役割を果たす。自治会ごとに自主防災組織を構成することで、避難後の指揮系統を明確にする。

（2）情報拠点
「緑の輪中」が地域の情報拠点機能となり、自治体とのパイプ役となり、伝達場所や個人情報の収集と交換確認場所、並びに地域住民の安否確認場所としての役割を果たすことで迅速かつ、正確な情報を発信・受信する。

（3）医療救護拠点
周辺クリニックと連携体制を取り、応急手当や傷病観察を行う。重症患者の場合は、人輸送用ヘリコプターで総合病院機能のあるゾーンEへ輸送を行い、他の拠点間での連携を図る。

（4）物資供給拠点
広域拠点からの備蓄・集積・配送の中継地点となり、地域への物資供給を行う。ここには、防災関連の重機から仮設住宅の建材、食糧、医療関連物資をストックする。また、拠点から地域へ、太陽光発電の蓄電システムによる電力供給を行う。

防災コミュニティ図

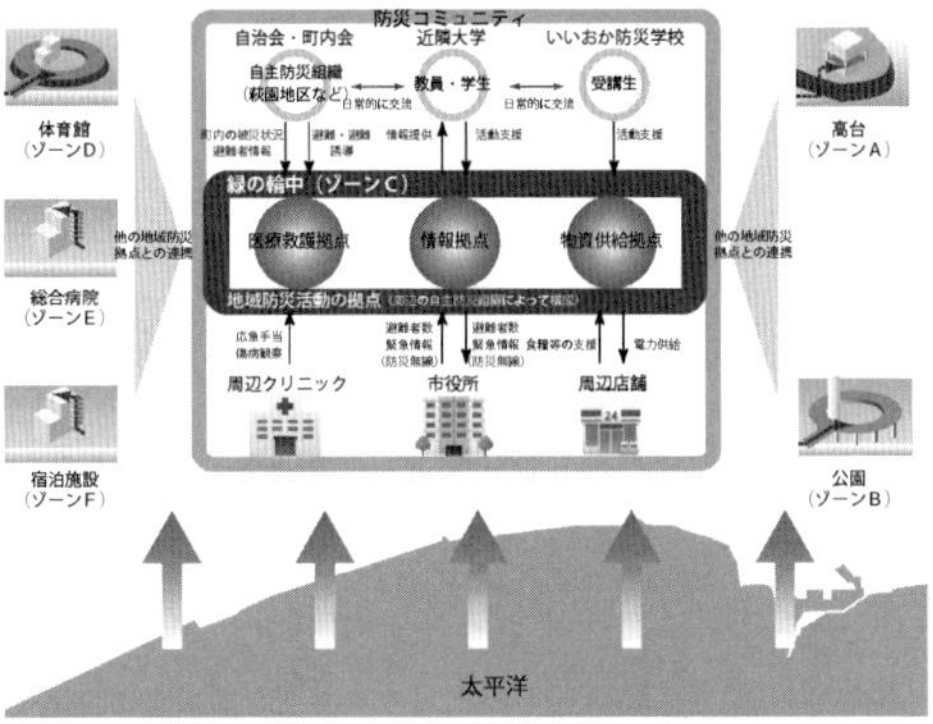

地域防災拠点の規模と役割

各ゾーンはそれぞれの海水浴場に近接しており、ゾーンごとに個性もあることから、周辺の地域特性をそのまま活かしながら、地域防災拠点とすることで、誰にでも平常·非常時共に利用しやすい拠点をつくる。

地域コミュニティに合わせた防災拠点（ゾーンA～F）の規模

避難所必要床面積：非浸水範囲の必要床面積を一人当たり 4 ㎡（2 畳分程度）とすると、5000 人 ×4 ㎡＝20,000 ㎡となり、防災拠点のみでカバーが可能
仮設住宅必要数：全壊半壊家屋に対する 35%（国土交通省平成 24 年）と想定し、いいおか地区では 1500 棟（東日本大震災家屋全壊＋半壊被害数）×0.35＝525 棟
必要ベット数：各拠点圏人口の 1 割程度、5000 人 ×0.1＝500 床

拠点と人口分布図（H17 国勢調査）

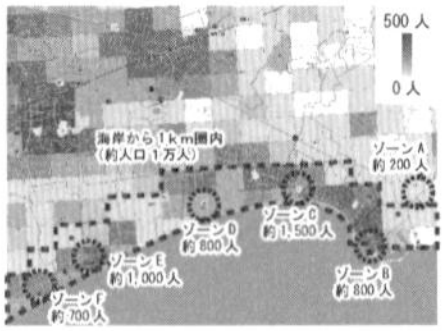

拠点と 65 歳以上人口分布図（H17 国勢調査）

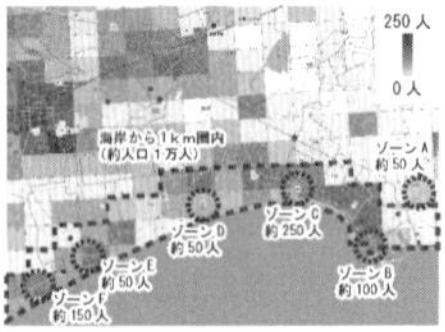

	地形	拠点の対応施設				平時の施設機能	拠点から半径500m圏人口	避難所（床面積）	仮設住居	ベット数	主体となる防災コミュニティ
		高台型	防災デッキ型	輪中型	避難ビル型						
Aゾーン	高台					展望台	約200人	1,000㎡	50棟	20床	自治体
Bゾーン	海辺					公園	約800人	1,000㎡	50棟	80床	自治会
Cゾーン	平地					学校、宿泊施設	約1,500人	8,000㎡	200棟	150床	自治会＋学生
Dゾーン	平地					運動場、体育館	約800人	5,000㎡	50棟	80床	自治会
Eゾーン	平地					病院、福祉施設	約1,000人	3,000㎡	100棟	100床	自治会＋病院
Fゾーン	平地					宿泊施設	約700人	2,000㎡	75棟	70床	自治会＋ホテル
							約5000人	20,000㎡	525棟	500床	

防災と観光を共存する避難拠点光と風と緑の「輪中」

「防災コミュニティと観光拠点」

旭市いいおかを防災実験都市として位置付け、レベル２の津波に対して「かわす」「やりすごす」ための防災ネットワークシステムと、その為の防災拠点施設としての「避難コミュニテイ」を提案する。小さな都市にたとえられるこの「防災コミュニティ拠点施設」は、「かわす」「やりすごす」防災機能を持つ施設となる。

光と風と緑の輪中

小さな都市にたとえられるこの「防災コミュニティ」は、「かわす」「やりすごす」防災機能を有する。具体的には、安全避難レベル 10mの高さの防潮堤で囲まれた輪中式の防災拠点で、防潮堤を貫通する現状道路との交差点には水門を設置する。この水門は外部電力に頼ったり、消防団の多くが犠牲になったこれまでの方式に対して、重力式の自動閉鎖水門を提案して防災都市としての安全性を確保する。

「かわす」ビジョンは、越波した巨大堤防をさらなる嵩上げによって「抑え込む」という機械的な対応による自然を支配する現代社会に対して、環境的で自然と共存する光と風と緑にあふれ、自給エネルギーの時代を象徴する防災施設となる。

さらに、ここには多様なコミュニティを内包した、防災体験都市の機能を有し、新たな体験型観光拠点となる。被災地としての痕跡もありながら、復興のエネルギーを充分に蓄えている活力を生かした各種機能を想定する。具体的には、

<観光施設> 多様な宿泊形態をもつ「新生いいおか荘」、ビーチライン沿道に「道の駅」、海と連続性を実感できる「プレジャーピア」

<防災施設> 地域防災活動の拠点、情報拠点、医療救護拠点、物資供給拠点としての機能を有した避難施設

<体験型防災研修・教育センター> 冬季の集客を兼ねた体験型研修教育施設「いいおか防災学校」

<産業誘導型研究所> 震災被災地ならではのテーマによる研究所

現状防災分析

東日本大震災における被災地は、地形の関係からリアス式湾口都市、大都市、浜辺都市のパターンに分類できる。旭市いいおか地区は浜辺都市としての特徴を有しており、避難すべき自然の丘や山を有しない。宮城県名取市荒浜地区や南海トラフ地震で極めて高い津波襲来が予測されている高知県南国市（高知竜馬空港周辺）に近い特徴である。東日本大震災での浸水域は TP+5m 地点まで浸水しており、海岸沿いには津波避難ビルとなる高い建物が少ない。

また、昨年度、震災の影響で観光込客数が減少し、海水浴客は前年の半数まで減少している傾向にある。

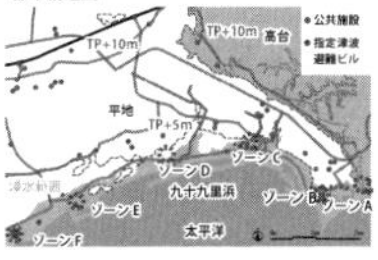

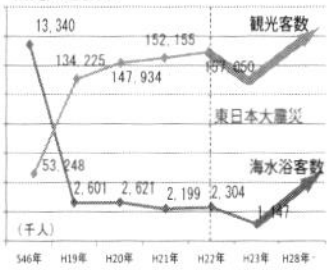

ネットワークと避難

平地が広がるこの地域の防災システムとして、国の示した５分間避難をまず確保すべく、500m毎に防災タワー・津波避難ビルなどによる避難施設のネットワーク化が求められる。そのためには民間の協力と、既存公共施設・民間施設の耐浪、耐震化が必要である。

本提案は、500m避難ネットワークの避難施設の１拠点として、日常的な「防災コミュニティ」を提案する。まちづくり拠点対象エリアのゾーンＡ～Ｆは「輪中」空間とし、浸水エリアの公共施設は津波避難ビルに指定、さらに、施設などのない平地には津波避難タワーを設置することで、浸水範囲内（TP+5m）はどこからでも避難できる拠点を形成する。

この新たにつくられた輪中空間は、津波避難ビル、津波避難タワー、公共施設を含め、半径 500m を基に避難規模を想定している。

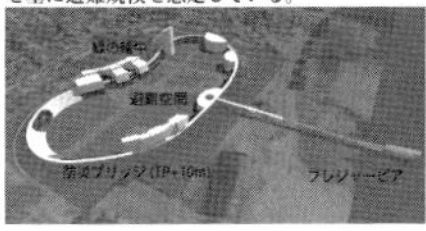

災害シミュレーション：レベル1

100 年に 1 回の確率で想定される 10mの津波に防災ブリッジと「緑の輪中」で対応する。ブリッジ以上の各施設は避難空間として市民に開放される。

災害シミュレーション：レベル 2

1000 年に 1 回の確率で襲来が想定されるレベル 2 の津波は、輪中・防災ブリッジを越波する可能性も考えられる。ブリッジ以上の各施設が津波避難ビルとして機能する。

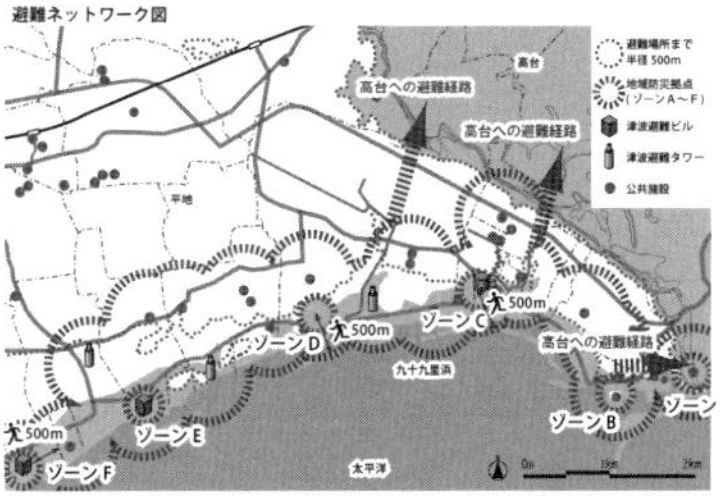

図17　旭市いいおか復興観光まちづくりコンペ佳作案「防災と観光を共存する避難拠点　光と風と緑の輪中」

地球的にも国家的にも目指す今日、環境にやさしい太陽光及び太陽熱などの自然エネルギーは、かつてないほど注目され、とりわけ太陽光発電は太陽光パネルの性能向上と政府の法的支援策により、住宅から一般建築まで幅広く普及しつつあります。しかしもっとも危惧するのは、パネルの無秩序な建物への設置による景観に及ぼす悪影響で、いかにこれをクリアするかを研究会設立当初からの大きなテーマとしていました。メガソーラーに代表されるエネルギーの「量」に対して「質」の視点となるものです。

太陽エネルギーを建築・都市に具現化するには「技術」とともに「デザイン」の融合が不可欠であり、そのためには建築業界だけではなく、エネルギーや電気などとの幅広い産業界での連携とともに「学」「官」との連携が、復興計画における建築と土木の連携同様に必要となる視点と考えます。しかし、オバマメッセージから半年後の3・11で原発事故での放射線被災を受けたにもかかわらず、その復興の理念をまとめた国の重要な東日本大震災復興構想会議（五百旗部真議長）では、「創造的復興」をかかげたものの原発議論をしないこととなりました。

今回の福島の原発事故による被災に際して、オバマ大統領の就任直後のメッセージのような大きな社会的、国家的、地球的変換点に立った強いメッセージを日本から世界中に向けて発信することができなかったことを大変残念に思っています。

その後研究会では、太陽エネルギーの技術とデザインによる質の視点から『ＢＩＰＶって何？　太陽エネルギーを纏う建築』を会員企業の協力で被災四年目に発刊しました。これについては後述したいと思います。

福島県富岡町

福島県は原発事故による被災後、国とはまったく異なる独自の画期的なエネルギー政策を打ち上げました。これは被災二年後の二〇一三年三月の「再生可能エネルギー先駆の地アクションプラン」で、この政策の一環として二〇一三年十一月、福島県郡山において第二回再生エネルギーフェアが開催され、主宰する太陽エネルギーデザイン研究会が小さな展示ブースを設けて復興支援のアピールを行いました。国内外の大企業のブースに埋もれそうな研究会の小さなブースに放射線汚染地区の福島県相馬町や富岡町の一般市民が駆け込み寺のような悲壮感をもって訪ねてこられました。福島の原発事故の被災地こそ真っ先に支援したい気持を震災直後から持ちつづけていましたが、これまで岩手、宮城の被災地とは異なり人的コネクションもチャンスもなく、やっとこのフェアが支援のスタートとなりました。特に任意団体「富岡町自然再生可能エネルギープロジェクト」の代表、遠藤陽子氏からは、当時夜間立ち入り禁止地区の居住制限区域内で、四十haの農地に十人ほどの地権者が共同で三十五メガソーラー発電所を、自然エネルギーについて幅広い活動をしている飯田哲也さんらと計画していて、私達はこれに技術的な協力をすることとなりました。この市民による活動の原動力となったのは、被災後制定された「再生可能エネルギー法」で、具体的な私達の役割はメガソーラー発電所の計画書を作成して富岡町、東京電力への申請手続きなどにかかわる協力となります。当時、メガソーラー発電所の計画は再生エネルギーによる「量」に特化した、やや異常な現象が展開していました。しかしながら、藁にもすがりたい気持ちの原発事故の被災者にはどんな協力でもしなければという心境でこれに協力しました。その後六年ぶりに計画地の居住制限が解除され、メガソーラー

日大研究グループ／太陽エネ対応型まちづくりを／福島県富岡町対象に具体案提示

[2014年3月31日2面]

模型を使って説明する伊澤特任教授

日本大学理工学部の伊澤岬特任教授らの研究グループが、福島第１原発事故の被災地域を対象に「太陽エネルギー対応型まちづくり・建築」を提案している。大規模太陽光発電（メガソーラー）の計画が進む福島県富岡町に、復興住宅や駅舎、記念館、慰霊碑など、復興を象徴し、復興プランとも調和する空間・建築の具体的イメージを提示した。伊澤特任教授は「ピンチをチャンスに変える日本のモデルにしたい」としている。

福島県は、１３年２月に「再生可能エネルギー先駆けの地アクションプラン」を策定。再生可能エネルギーの導入量を２０２０年に４０％、４０年に１００％とする目標を掲げた。富岡町では復興まちづくり計画（素案）をまとめ、まちづくり計画のスケジュールや復興公営住宅（災害公営住宅）の整備、富岡駅周辺のまちづくりなどを示している。

研究グループは、富岡町のメガソーラー計画をハード面から支援しているが、伊澤特任教授は「応急仮設住宅での苦しい生活が続く被災者が、前例を踏襲した復興住宅に入ることになる」と懸念。「県のアクションプランにふさわしい住宅を目指すべきだ」として今年２月、富岡町に復興計画のデザインイメージを提案した。富岡駅周辺計画として、復興拠点にふさわしい新駅を中心に記念館や慰霊碑、自然遊歩道、広場を併設する海岸防災林を一体整備。防災機能を備えつつ慰霊と記憶の継承、さらに自然に親しみながら回遊できる空間イメージを提示した。

コミュニティー施設を併設する新駅は、太陽光パネル一体型の木造構造材の大屋根で覆われるのが特徴。そのデザインは記念館（とみおか環境ドーム）とも統一性を持ち、富岡町の新たな顔となる。記念館は施設全体でエネルギーを賄うＺＥＢ（ゼロエネルギービル）とし、先導的な自然エネルギー型建築物を目指すとしている。

津波被災地移転候補地の３地区で計画されている復興住宅にも自然エネルギーの利用を促進。環境対応型の新たなスマートシティーを形成することを提案した。太陽光パネルや通風ルーフ、地中熱利用、自然換気などの技術を活用し、ＺＥＨ（ゼロエネルギーハウス）を実現させる。構造用集成材と鉄骨造によるハイブリッド構造で５・４メートル四方のユニットを組み合わせ、個人住宅や集合住宅を形成する。研究グループは今後、伊澤特任教授が会長を務める太陽エネルギーデザイン研究会で提案の質を高めていく。町民の意見などを反映させながら、１年後には具体的な設計段階に進めていきたい考えだ。

日刊 建設工業新聞
The Daily Engineering & Construction News

図18　日刊建設工業新聞の「太陽エネ対応型まちづくりを福島県富岡町に具体案提示」記事電子版 2014年3月31日

の建設もようやくスタートしました。

メガソーラーの協力に当たって、当時放射線で汚染した農地にさえ「農地法」によって太陽光パネルを設置できないとか、設置するには田畑の活用を前提にその上空にパネルをリフトアップしないと認められないなどという、ささやきが行政から発信される状況で、やはり深い絶望感を感じました。一方、太陽エネルギー研究会のメンバー企業には、このメガソーラーについての知見と実績をもつメンバーも多数おり、富岡町での活動を積極的に進めることとなりましたが、個人的には、この福島の危機を乗り越えて何とか未来へつながる再生エネルギー対応の新たな建築型のデザインによる提案をしたいという思いで「東日本大震災復興計画デザインイメージ（福島県富岡町を例として）」をまとめました（図18）。

二〇一四年二月二十五日に福島県富岡町長に計画案を模型とともに、被災地富岡町から遠く離れた仮庁舎の最寄り駅となる福島駅から、さらに遠い仮設の庁舎で遠藤氏同席のもと説明しました。故郷を散り散りに離れて全国各地で避難生活を余儀なくされている町民が、必要となる行政上の手続きや相談場所となる仮庁舎がなぜ駅前の一画に提供できないのかという思いを強く感じての訪問でした。たぶん多くの他の自治体も同じような状況と思われますが、交通の不便な「仮庁舎の立地」と「農地法の規制のなかのエネルギー」に国の復興に対する姿勢に疑問を感じざるをえませんでした。

東日本大震災復興水上飛行空港ネットワーク構想研究会

全国各地において空港と新幹線の整備が進み、高速交通網体系は大方整ったといわれていますが、それは主要都市に限られ、空港や新幹線から離れた中小都市や観光地は高速交通体系の恩恵を受けていないのが現実です。東日本大震災で大きな被害を受けた三陸地域もそんな地域で、例えば宮古市などの岩手県の沿岸部は、新幹線の盛岡駅やいわて花巻空港から三〜四時間かかる高速交通不便地域です。東日本大震災の復興支援活動のなか、三陸地域のような高速交通不便地域の解消が復興の先の将来にわたって不可欠であるとともに、日本の新たな社会システムの構築のきっかけになればという考えで、高速交通手段としての水上機の活用を提唱してきました。すでに紹介したとおり修士設計によって三十年前からの宮古港で提案してきたものです。

水上機は海に囲まれた特徴を活かして入江や湾、さらには湖沼や河川を離発着に利用するもので、航空法第七十九条では「航空機は、陸上にあっては空港等以外の場所において、水上にあっては国土交通省令で定める場所

水上飛行機で被災地結べ

日大教授らネットワーク構想

人・物運び復興に貢献

北米ではビジネス便人気

島から都市へ通勤も

60年代まで民間の旅客便活躍

水上飛行機がずらりと並ぶカナダ・バンクーバーのハーバーフライトセンター

市街地に近いカナダ・バンクーバーのコールハーバーでは、水上飛行機の離着水が絶え間なく続く

図19　河北新報の「水上飛行機で被災地結べ」記事　2015年1月3日

において、離陸し、又は着陸してはならない」とありますが、現在は省令で定める場所がありません。このため、水上であればどこでも離発着できることとなります。つまり、わが国の海に囲まれた地理的条件は、法的に水上機の運航に適しているといえます。

3・11被災直後の復興都市モデル研究グループの活動と平行して、交通計画のうち特に空港インフラを専門とする共同執筆の轟朝幸教授とともに新たな研究会を立ち上げ、顧問に山本宮古市長、佐藤塩竈市長にお願いして活動を進めています（図19）。

復興支援の方法

3・11被災地は広域で多様な被害を受けており、さらに今回被災地でない地域に対しても、活動の成果が共有できる発展的な復興につながるよう次のような三つの段階を想定しての活動となります。その方法を復興都市モデル研究グループの活動を中心に紹介したいと思います。

第一段階【モデル提案】

被災した東日本の広い地域に短期間のうちに数多くの提案をしてきましたが、考え方の骨子は共通しています。これまでの巨大な施設によって津波を「抑え込む」防御的な考え方で人命や地域を守るのではなく、一定規模以上の津波に対して「かわす」「逃げ切る」という非対抗的な処置で、人命を守る新たな計画理念と方法を基本としました。後述する国の復興計画の原点となる復興会議で示された理念「減災」は、われわれの復興理念にも通じるものです。

すでに紹介しました津波を「かわす」考え方は、長年の世界遺産厳島の歴史的な技術に学んだものです。「かわす」具体的方法は五百ｍ避難経路の「ネットワーク化」を前提に、前例主義にとらわれない新たな防災ツールとしての「防災ブリッジ」や、これに連続する「防災コリドール」を提案しました。また、行政が震災直後に打ち出した「高台移転」に対して、歴史的にもすべてが高台に移転できる状況でないなか、高台と津波浸水地の際となる斜面地での防災ツールとして「斜面住居」と「斜面インフラ」を提案しました。

これらの施設ツールによる提案は、「減災」の方針に近い考え方と紹介しましたが、具体的にはレベル１※（以降Ｌ１）、すなわち百年の津波襲来時は既存の防潮堤などの防災施設で対応し、レベル２（以降Ｌ２）、すなわち千年に一回の今回のような大津波には「かわして逃げ切る」新たな防災ツールの組み合わせによる計画としています。また、「五百ｍ避難ネットワーク」は、被災直後国の防災会議が示した約五分以内の避難時間とほぼ一致し、それを具現化した提案ともなりました。

このような計画理念と方法で、岩手県宮古市に復興都市像をまず提案し、すでに述べましたように被災した年の九月十九日には田老地区被災住民にこの提案内容を詳しく説明しました。その後、宮城県震災復興企画部にこの提案をモデルとして他の被災地にも応用できる汎用性のなかに示すことができました。

さらに、その後の南海トラフ対応のため太平洋沿岸都市にも同様な方法による提案をしました。

※津波のレベル1とレベル2について
「これからの想定　津波の考え方」（国土交通省）

	発生頻度	考え方
レベル1	概ね数十年から百数十年に1回程度で発生する津波	人命保護に加え、住民財産の保護、地域の経済活動の安定化、効率的な生産拠点の確保の観点から、海岸施設等を整備
レベル2	概ね数百年から千年に1回程度の頻度で発生し、影響が甚大な最大クラスの津波	住民等の生命を守ることを最優先とし、住民等の避難を軸に、とりうる手段を尽くした総合的な津波対策を確立

第二段階【モデルから応用のステージ】実施コンペ

被災地気仙沼市が主催した復興まちづくり実施コンペに対して、これまで積み重ねてきた津波を「かわして逃げ切る」計画理念と方法でまとめて応募し、第一次審査で三位に、その後行われによる住民が参加した公開審査で「佳作」に選ばれました。審査団は、三十六人の審査員のうち半数以上は自治会代表による構成で、コンペでは港街としてのにぎわいの確保を、高さ六・二ｍの防潮堤設置を前提に、海辺の景観と産業を考慮した提案が求められました。

この厳しい現実的な設計条件に、主催者行政が求めている前例主義を象徴する防潮堤を新たな防災ツールとしての「防潮堤の建築空間化」と「防潮堤の避難路化」さらには「水門と海へのビスタ」によって、最短距離で既存丘陵地の高台へと連続する避難路の確保とともに既存の丘陵を第二の防潮堤とする二重の津波を「逃げ切る」ツールを避難ネットワークの中に提案しました。

その後の「(千葉県) 旭市いいおか復興観光まちづくりコンペ」では、行政の指導のもと民間団体の主催したアイデア・コンペが開催され、同様に「かわして逃げ切る」防災ツールとして「防災ブリッジ」の構造的にも、空間的にも自己完結型ともいえる防災ツール「防災輪中」を、平坦地がどこまでも広がる九十九里の浜辺地形のモデルとして提案し「佳作」に選ばれました。

第三段階【拡大のステージ】被災地から全国へ

二〇一一年三月三十一日、内閣府によって南海トラフ地震による津波予測高が示されました。特に高知県では従来の予測高の二〜三倍となる高い値で、中でも黒潮町は三十四・四ｍの高い値が示されました。この値は防潮堤で津波を「抑え込む」ことが不可能といえます。そこで高知県八都市と一地域の防災計画を、「かわして逃げ切る」計画理念と方法に基づいて高知県と高知市に都市モデル計画案として地域ごとの特に多様な地形形状に合わせて提案しました。

具体的には、凹地形の湾口都市には防災ツール「防災ブリッジ」「防災コリドール」「斜面住居」による防災ツールの「ネットワーク化」によって、宮古市田老地区での提案を応用したものとなります。一方、平坦地が広がる浜辺都市に対しては防災ツール「防災輪中」によって「防災ブリッジ」を自己完結型として示し、さらに凸凹地形、浜辺地形による複合的な地形別の対応を加えて、八都市を含む九地域に防災計画を提案しました。

再生エネルギーでの支援の方法

エネルギーについては特に専門家でもなく、建築設備についても特別な知識はありませんが、復興・防災提案にならって、

第一段階はゼロエネルギー建築（ＺＥＢ）※のデザイン事例研究と設計法の提案
第二段階はゼロエネルギー建築（ＺＥＢ）のモデル提案
第三段階はゼロエネルギー建築（ＺＥＢ）の実施

としました。

高台移転が多くの被災地で進むなか、宮古市田老地区でも市街地の中心であった津波浸水地はほとんどが危険地域として住宅の建設が禁止されていて、ここをどう利用するかと

※ＺＥＢ／ＺＥＨ（ネット・ゼロ・エネルギー・ビル／ネット・ゼロ・エネルギー・ハウス）
建物をさまざまな省エネルギー技術によってできる限りのエネルギー削減を図るとともに、消費したエネルギーについては太陽光発電などの再生可能エネルギー利用により相殺して、年間のエネルギー収支ゼロを目指すものである。

いう問題が残りました。この浸水地に太陽エネルギー関連施設による新産業の起業をもとにした新たな社会システムの構築を目指した復興案を、エネルギー効果の試算と共に新たな都市デザイン、いわば環境復興都市として具体的に示しました。

一方、原発事故による被災地の市民から被爆した農地での「メガソーラー発電所」事業化の協力依頼を被災二年後の二〇一三年暮に受け、現在も継続的な支援を続けていますが、「再生エネルギーデザイン対応型の建築モデル」としてのゼロエネルギー建築（ZEB）である「環境ドーム」を富岡町に、国内外の事例からその「技術」と「デザイン」の融合の分析をベースに提案しました。

原発事故による被災地にこそ、再生エネルギーによる象徴的な建築型の提案が求められ、今後の日本の新たな建築像をここ被災地から発信し、これがわが国の再生エネルギーの発展につながることを期待しての活動となります。

水上空港ネットワーク構想での支援の方法

第一段階　卒業・修士設計によるモデル提案
第二段階　被災地での空港拠点とネットワーク構想
第三段階　地方創生ネットワーク構想

としました。

第一段階については、すでに冒頭で紹介しました。第二段階の水上機によるネットワーク拠点の被災地と首都圏からの具体的拠点の設定と、これらの拠点間のネットワーク構想を水上機によるデモフライトとともに新たな交通インフラ導入の啓蒙的活動としてシンポジウムを通じて展開し、今後、第三段階としてネットワーク拠点の全国展開としての「地方創生ネットワーク構想」を掲げました。

シンポジウム開催によって、あまりこれまで知られていない高速交通としての水上機に関する幅広い知見を依頼した講演者や参加した行政担当者から頂くことができ、構想実現化に向け大きな蓄積を得ることとなりました（図17）。その内容は以下のようなものです。

まず、被災地塩竈市と土浦市とを、首都圏から東日本被災地への水上機による当面のネットワーク拠点と考え、東日本復興支援連続シンポジウムを研究会が主催して二〇一三年八月十日、十一日の両日、両地で連続して開催しました。

第一日目の塩竈市では、「みなとまちの再生から発展へ――復興都市モデル計画と水上空港ネットワーク構想」をテーマに、森地茂政策研究大学院大学特別教授に「東北復興の展望と課題」の講演、また基調講演を主催者側から、さらにパネルディスカッション「被災地の再生から発展へ向けて――水上空港ネットワークの効果と期待」では、佐藤昭塩竈市長、平野勝也東北大学災害科学国際研究所准教授、稲井喜孝塩釜ガス会長、桐島弘之ピッコロエアワークス代表が参加、コーディネーターを伊澤がつとめました。

つづいての翌日、第二日目、霞ヶ浦でのシンポジウムは、「世界の潮流と霞ヶ浦の新たな未来――水上飛行機新時代の到来と地域振興」をテーマに伊澤、轟が基調講演、つづいて霞ヶ浦の水辺に立地する飛行場を所有し自らもパイロットでもある前述の桐島氏が「水上飛行機新時代の到来と地域振興」を講演しました。

会場は特攻隊の出陣を前に最後の杯をかわしたゆかりの割烹、霞月楼の畳敷きの大広間で参加者は行政関係者を中心に開催しました。この割烹の資料室には、旧海軍の水上機に

図17　水上機に関するシンポジウムの各報告書とポスター
東日本復興支援連続シンポジウムin塩竈
東日本復興支援連続シンポジウムin霞ヶ浦
日本大学理工学部主催シンポジュウム
「水上空港ネットワークによる交通イノベーション」
第3回国連防災世界会議パブリックフォーラム

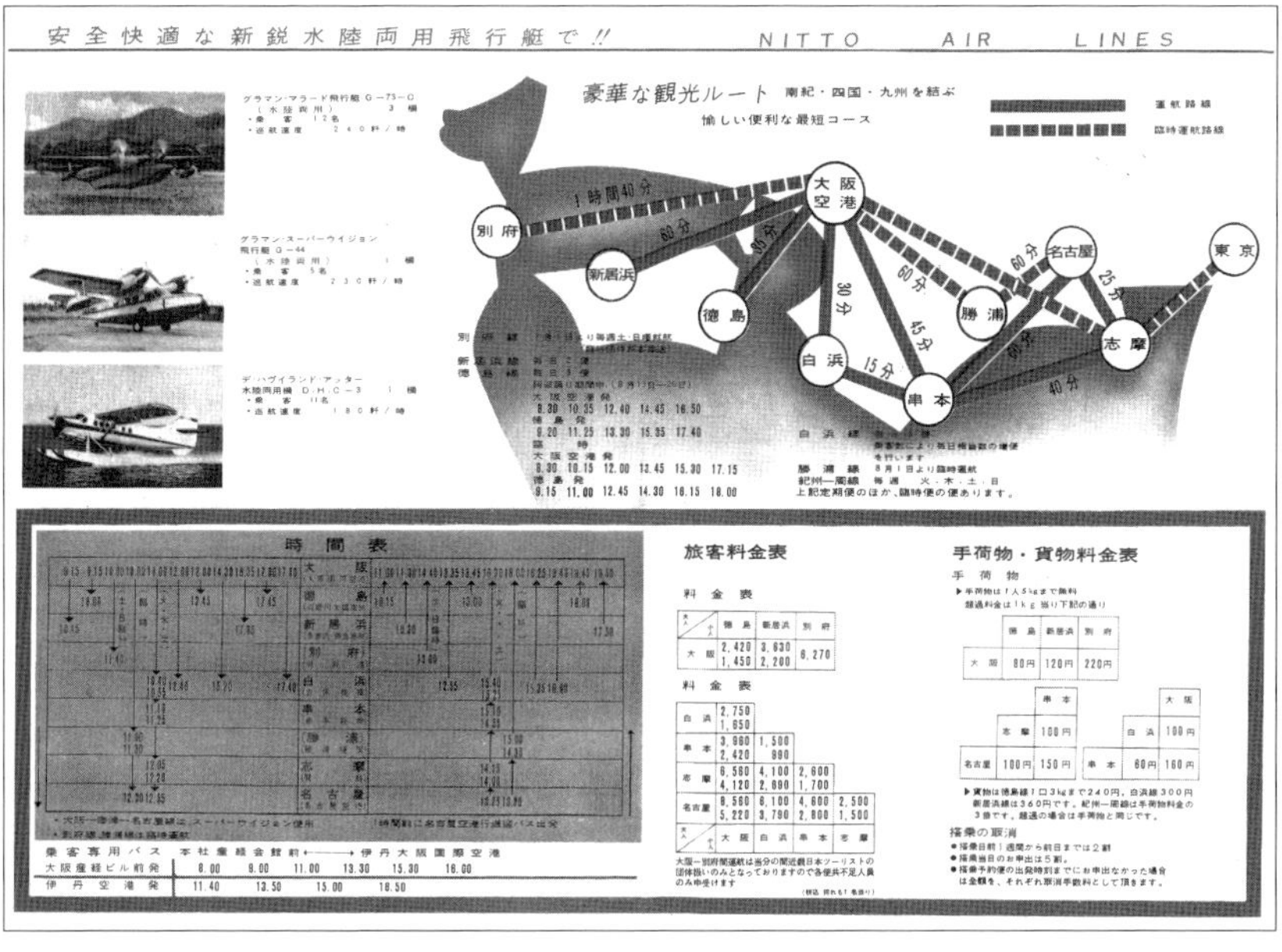

図18　水上機運送の時刻表（日東航空「空のしおり」復刻版）

関する資料のほか、飛行船がこの地に飛来した関連資料が展示されています。

日本大学理工学部主催のシンポジウムを二〇一四年十一月二九日に開催し「水上空港ネットワークによる交通イノベーション――全国津々浦々の地方創生に果たす役割」をテーマに、基調講演を東昭東京大学名誉教授が「水上機と生き物の特色」と題して、水上機の飛行原理を水鳥の離着水との関係からやさしく分析し、水上機の歴史ついて興味を引く貴重なスライドを多用して概説いただきました。

その後の第一部「過去から現在、水上空港ネットワークの潮流」では、桐島氏が「水上飛行機と霞ヶ浦」で霞ヶ浦に立地する旧鹿島海軍航空隊の水上機の搭乗員の養成や、第二次大戦末には特攻作戦に送り出した歴史を、また当時の歴史遺産としての「水上機用陸上スロープ」の紹介とともに水上機の小型機ウルトラ・ライト・プレーン（ＵＬＰ）の霞ヶ浦での活用をお話しいただきました。

このＵＬＰとは、より小型の水上機で、離着水域が同じであることが法的に求められ、別な水域への移動が認められていないレジャー用の水上機のことです。

つづいて藤本雅之京都鉄道博物館学芸員が「昭和三十年代に実在した水上空港」で昭和四十年まで大阪・南紀白浜（和歌山）・新居浜（愛媛県）などに定期便が就航していた実態を、当時の水上機運航の時刻表を復刻し、これを参加者に配布しての講演となりました（図18）。

白石純一現阿久根市議会議員からは、カナダでホテルマンとして務めていた当時の経験から「カナダ・バンクーバーにおける水上機運航の事例」を日本での水上機の可能性をカナダとの比較のなかに論じていただきました。

第二部の「近未来の水上空港ネットワーク構想」では、桜井達美計算力学研究センター顧問が「高耐波性水上飛行機開発について」と題してYS11、US1の設計経験から、自らの水上機モデルを提案頂きました。そして、中島　栄美浦村村長が「霞ヶ浦の利活用を絡めた水上機の役割」を、さらに轟が「水上ネットワークによる地域創生」を講演しました。

その後、二〇一五年三月十八日　被災地、仙台で開催された国連防災世界会議パブリックフォーラムでは復興の先の発展をめざした「防災まちづくりと水上空港ネットワーク構想」の講演と大型パネルによる展示を行いました。

これらのシンポジウムでの講演は、今後の水上機の普及とネットワーク化にとって貴重な資料と考え、すべてを報告書としてまとめました。

シンポジウム同様、復興関連の講演を被災地にとどまらず、南海トラフ関連地でこれまで行ってきましたが、被災の年をピークに大きく減少しています。震災の風化とともに首都圏におけるアベノミクスや東京オリンピックへの高揚感が気になりますが、いまだに被災地では絶望感の中での生活が続いているのが現状です。

その後、二〇一六年に大きく被災した熊本地震の復興も、前例主義のもと過酷な避難所生活を強いる状況はまったく変わりませんでした。建築家、伊東豊雄は3・11後、熊本地震被災地で「血の通った仮設住宅」を具体的に進めています。これは、熊本産の木材で地元の大工が建て、棟間隔を広げ三棟ごとに縦の通路を設けて、各戸に掃き出し窓と縁側を設けた本当に当たり前の住宅です。この方針で県は、四千戸のうち十五％をプレハブ一辺倒の仮設住宅から木造住宅に変更しました。伊東は、ここ熊本で建築を通じてまちづくりを進める「くまもとアートポリス」のコミッショナーを務めている関係での参画で、すでに東日本被災地でもこれまで十五棟の「みんなの家」建設に携わり、第一号の「みんなの家」の資金と木材はこの熊本県が協力したものです。

一方、われわれの活動についての新聞掲載も講演同様減少が続いて風化を懸念していましたが、被災後三年目の二〇一五年の共同通信系各紙が正月特集で復興水上機を企画して全国の地方紙に掲載されて、新たな関心が続いている状況です。さらに二〇一六年の瀬戸内海、尾道での水上機事業のスタートが後押ししてくれています。

今後、シンポジウムを開催した霞ヶ浦沿岸市町村をネットワーク化する広域的な視点でのまちづくりのなかに、この水上機の可能性を地元のみなさんと考えていきたいと思います。さらに日本海沿岸都市松江、浜田についで後述しますが同様に水上機による地域の方々とのコラボレーションを進め、今後地方創生ネットワーク構想として全国に展開したいと考えています。

復興提案の評価

復興支援の活動を時系列的に示すとともに、震災被災地で示した復興提案が南海トラフをきっかけに今後幅広い地域への汎用性にもつながるよう三段階の発展的プロセスの中に示しましたが、これらの私達の活動についての行政当事者の評価をまとめたいと思います。

まず、岩手県は宮古市田老地区の提案の説明に対して沈黙し、宮城県は提案を次善策として関心を示し、高知県は評価するも静観が続いている状況です。一方、地方自治体の復興まちづくりコンペでは　気仙沼市、千葉県旭市でそれぞれ「佳作」に選出されました。また、被災地に限らず、特に南海トラフ関連の各地の市長、町長への説明には熱心に話を伺っていただきましたが、その中で塩竈市の復興計画に「防災ブリッジ」が多重防御の考え方による二線堤の一つとして導入されての評価となりました。

宮古市田老地区での復興提案の新聞報道以降、被災自治体からの協力要請がなかったことはすでに述べましたが、被災したこれらの市町村では上位にあたる県に、県はさらに国の方針待ちのなか積極的な協力を申し出にならなかったと考えます。しかし、すでに紹介しましたように兵庫県の南海トラフを見越した素早い反応は、被災地ではない自治体ならではの冷静さによる客観的評価であったと感じています。

さらに、本書の出版の大きなきっかけとなった強靭化大賞では、すでに紹介したように津波を「かわして逃げ切る」計画理念の防災復興計画が優良賞、再生エネルギーまちづくりが優秀賞、水上機のネットワーク構想が最優秀賞を受賞し、結果的に私達の復興支援活動の幅広い活動が評価されることとなりました。

第二章

復興の理念

復興構想会議と七原則

これまで七年間の復興支援の概要を述べましたが、ここでは政府の復興計画、特に被災直後の国の復興理念と私達の復興提案との相違を考えたいと思います。国の理念の原点となる復興構想会議は二〇一一年四月十四日に第一回会議が五百旗部真を議長にスタートし、同年六月二十五日の最終提出の骨格ともいうべき復興構想七原則が提示されました。その内容は、次のとおりです。

原則一　失われたおびただしい「いのち」への追悼と鎮魂こそ、私たち生き残った者にとって復興の起点である。この観点から、鎮魂の森やモニュメントを含め、大震災の記録を永遠に残し、広く学術関係者により科学的に分析し、その教訓を次世代に伝承し、国内外に発信する。

原則二　被災地の広域性・多様性を踏まえつつ、地域・コミュニティ主体の復興を基本とする。国は復興の全体方針と制度設計によってそれを支える。

原則三　被災した東北の再生のため、潜在力を生かし、技術革新をともなう復旧・復興を目指す。この地に、来るべき時代をリードする経済社会の可能性を追求する。

原則四　地域社会の強い絆を守りつつ、災害に強い安全・安心のまち、自然エネルギー活用型地域の建設を進める。

原則五　被災地域の復興なくして日本経済の再生はない。日本経済の再生なくして被災地域の真の復興はない。この認識に立ち、大震災からの復興と日本再生の同時進行を目指す。

原則六　原発事故の早期収束を求めつつ、原発被災地への支援と復興にはより一層のきめの細やかな配慮をつくす。

原則七　今を生きる私たちすべてがこの大災害を自らのことと受け止め、国民全体の連帯と分かち合いによって復興を推進するものとする。

七つの原則のうち原則三での「技術革新」や原則四に示された「災害に強い安全・安心のまちづくり」に加え、「自然エネルギー活用型地域」の建設や、原則六「原発被災地支援」の配慮を掲げて、全体的に日本のあるべき社会システムの変換と構築を求める幅広い内容といえます。会議スタート時点で「創造的復興」をテーマとするとともに政府からは「原発議論」をしないという条件のなか、この七原則には、結果的に「エネルギー」「原発被災地支援」が盛り込まれたことは復興構想会議の大きな成果と考えます。さらに前例主義を改めるような視点も多数散りばめられた内容といえます。

もっとも興味の引くところは、構想会議メンバーの発言がマスコミでも数多く取り上げられ、これらを通じて世論の求める厳しい反応が会議の復興案決定に間接的に影響したものと考えます。

そこで復興計画の方針に多大な影響を及ぼす「建築」「土木」のメンバーとその発言を中心に見てみたいと思います。これはすでに述べましたように、私達の復興案は、前例主義にとらわれない「建築」と「土木」の融合のなかでの活動が大きなベースとなっているものです。この前例主義とは、一つには明治以来の技術絶対主義と二つは早期着工・完成にともなうスピード感が求められることによるもので、これらの相乗作用によって建築と土木の融合が排除されることへの大義となっているからです。この技術偏重主義は原発再可動の動きとつながる同様な視点ともいえます。

この「建築」「土木」の関係のメンバーを取り上げる前に二人の学者の発言に注目したいと思います。

一人目が哲学者の梅原猛で、大胆な仮説や推論での新たな歴史論の代表作となる『隠された十字架』では、聖徳太子を鎮魂する寺として法隆寺を取り上げたユニークな建築史論を展開し、さらに『塔』でも歴史ドラマの中に新たな建築史観を示してきました。梅原は特に原発問題を会議の任務から外すとした菅直人首相に対する反発の姿勢は崩しませんでした。今回の被災を「天災」「人災」ではなく「文明災」としています。次に民俗学者、赤坂憲雄はこれまでの東北での活動の集大成として「東北学」を提唱したことで知られますが、「被災」を大きな「成長主義的」な考え方からパラダイム転換するとともに、巨大防潮堤が出来た時には人がいなくなる人口減少地帯としての東北の状況を踏まえ、過大な復興投資に疑問を投げかけています。

つづいて復興構想の原動力となると建築と土木の建設系の二人のメンバーの一人、河田恵昭は、京都大学在職中に巨大災害研究センター長、防災研究所長をへて阪神・淡路大震災記念「人と防災未来センター」長も歴任した土木学者です。著書の『津波災害――減災社会を築く』（岩波新書、二〇一〇）は3・11の前年の出版で復興構想会議でも、この著書のキーワードである「減災」が復興計画理念構築に大きく影響しました。これは、これまでの災害の被害をゼロとする防災の考え方に対して被害を完全に防ぐことは不可能とし、最小限に抑える「減災」の発想で高台に逃げる、五分で逃げるなどで、津波に強いまちづくりを示しています。具体的にその対応をハードとしては避難ビル、防潮堤などによる「多重防御」や「人工地盤」を示し、ソフト的対応には「津波警報の改善」、「ハザードマップの充実」などを提案しています。河田の減災論は、私達の理念とした津波を「かわす」理念に通じるもので、国の復興構想に「減災」が大々的に盛り込まれるきっかけとなりました。河田は、さらに巨大津波に対して土木が担うこれまでのような大防潮堤ではない、より都市的な拡がりのなかに考えること、すなわち、建築と土木の融合を提案しました。これは、復興のスピードを増すために前例主義を掲げる土木界では考えられない画期的なメッセージとなります。

もう一人の「建築」からは阪神・淡路大震災に直面し、その復興活動の経験のある建築家、安藤忠雄です。安藤からは河田のような建築と土木の融合をバックアップするような視点での発言はありませんでした。

当時、復興支援を進める土木に対峙する建築界からは、日本建築学会を中心に土木学会を巻き込んでの復興でのコラボレーションを再三申し出ましたが、これを具現化する中央官庁、特に国土交通省への働きかけに土木学会としては遠慮があるという学会長の発言に代表されるように結果的には頓挫しました。このことは学会以上に土木行政が絶対的な権限を有していることを示すこととなり、いうなれば私達の復興計画で示した「防災ブリッジ」「防災コリドール」「斜面住居」の実現可能性がないことを示すこととなります。結果的には復興計画における建築の出番は極めて限定的となり、第一章のおわりで紹介したように唯一の成果が建築家、伊東豊雄らによる地域の被災者コミュニティ施設としての「みんなの家」にとどまりました。

この復興会議での建築から社会に向けた強いメッセージがなかったことは、私たちの復興への大きな絶望につながりました。

復興構想会議の復興案

復興案は、これまで通りの「巨大防潮堤」に加え、津浪浸水被害地の巨大な嵩上げによる「人工の丘」、高台移転（防災集団移転）による「丘の上のニュータウン」や、さらにこれらを複合的に対応する「多重防御」のメニューが減災の理念の具体的方策として提案されました。

この「人工の丘」は、南三陸町や女川町で採用され、南三陸町では高さ十m、建物の高さでは三階建てにもなる盛土による造成工事が現在でも進められています。盛土は、切土にくらべ沈下などの問題を抱え、重い建物には工事費用がかかりますし、軽い木造の住宅でも基礎には工夫が求められます。さらに重要なことは、津波によるピンポイントへの集中力による土石の崩落をきっかけに、盛土全体に被害が拡大する危険性が想定されます。その危険性を回避するためには、側面を石垣、植栽などによって土石流の流出を防ぐ工夫が求められます。私達のこうした危惧に対して、古代からの古墳での実績があると土木技術者は胸を張ります。とはいえ、宮古市田老地区のように現況の高さ十ｍの防潮堤でも、内側の市街地からこれを見上げると強い圧迫感を感じますが、「人工の丘」の高さもかなりの違和感を工事の途中ではありますが感じました。

さらに「減災」に関して新たな津波レベルのコードがこの復興構想会議や国の中央防災会議で示されました。中央防災会議では復興対応として、頻度の高い津波Ｌ１と、今回のような最大クラスの津波Ｌ２の二つのレベルに分けることが必要となります。想定されたこの二つのレベルの根底にあるのは、今回の巨大津波被害を完全に押さえ込むことは費用の点からも不可能であるというもので、現実的な対応といえます。Ｌ１の津波は防潮堤で守り、Ｌ２の津波は防潮堤を越えてくるが、高台移転や避難方法などハードとソフトを合わせた「多重防御」で命だけは守ろうとするものです。一九二八年の「昭和三陸津波」で犠牲者は三千人、今回の「東日本大震災」は二万人弱でした。復興会議などでは、前者を頻度の高い津波Ｌ１とし、後者を最大クラスＬ２に匹敵するとしています。

その後復興構想会議の成果を首相に答申し、復興基本法が成立して安倍新政権下で復興庁が設立されました。さらに復興特区や高台移転における百％の予算化が認められる復興財源確保法が、歴史上もっとも手厚い復興として法律的に担保されることとなりました。所得税や法人税、住民税などの臨時増税と地方負担分は震災復興特別交付税で対応し、国が五年間で見込んだ復興事業費は、この時点で十五兆円にもなります。その後、事業費は三十兆円を超える予算となりました。国の潤沢な予算措置をバックとして復興計画は、これまでとは大きく様変わりしましたが、私達の絶望感の根本は「量」としての予算の大きさでなく、減災に象徴されるような「質」の具体的内容に対するものでした。

岩手県宮古市田老地区は、一九二八年の「昭和三陸津波」でも、今回同様に高台移転の検討がされましたが、敷地不足のため満州への移転までもが議論されるほど、その移転先の確保が困難で、この結果、高さ十mに及ぶ田老の長城（防潮堤）が建設された経緯があります。ちなみに「昭和三陸津波」で二千人の犠牲者が、今回は二百人と巨大防潮堤の効果も証明されました。また今回は、浸水被災地に直結した高台に「丘の上のニュータウン」を建設し、すでにまち開きも行われました（図1、2）。国による潤沢な予算化はこの田老地区での高台移転を大きく後押しすることとはなりましたが、これによって「丘の上のニュータウン」と主要産業の「漁港の仕事場」と、この中間に位置する小高い斜面に立地する「小・中学校」が、ばらばらの立地となるだけではなく、まちの中心となる浸水した地区は大きくポッカリと何もない空間のままに多くが取り残され、今まで培われてきたコミュニティの崩壊が懸念されています（図3）。さらに「丘の上のニュータウン」の敷地は、標高二十mから三十mの高さに造成された公共施設用地の、さらに高台となる三十mから六十mの高さにわたる丘陵地の段々状の造成整備となります。ヒューマンスケールをはるかに越える高低差のなかの住宅地には定期バスの運行はありますが、私達が被災直後に提案した「斜面住居」での「斜行インフラ」の必要性を改めて、完成なった丘の上のニュータウンの視察で強く感じました。

二〇一三年、世論の復興批判を象徴するような塩竈市の無人島の防潮堤に対する安倍総理夫人の意義申し立ては、巨大防潮堤に反対する国民感情を代弁するかのようなでもあり

図1　「丘の上のコミュニテイ」から
はるか下方の浸水域を見る

図2　河口水門からの「丘の上のコミュニテイ」と被災した観光ホテル（右）

図3　漁港に隣接する河口水門周辺の高さ14.5mの新防潮堤

ましたが、結果的には宮城県知事は「変更すると大変な混乱になる」として、巨大防潮堤の計画導入の姿勢は変えませんでした。これは、国の示した全額国費での負担となる案を選択するのは、被災地の首長としては当然のことであったともいえます。この防潮堤について全額国費によって負担することの根拠は戦後間もなく制定された災害救助法によるもので、仮設住宅同様、現物給付の考えによるものです。

二〇一五年八月開催の横浜市の土木学会の研修会で「減災」を積極的に押進めてきた河田は「十ｍを超す津波堤防の建設は非常識だ」「まちづくりと一体となった防潮堤という発想に乏しい」。さらに続けて「土木学会も縦割りで、国から『ご下問』をうけて納得する答申を出すことをずっとやってきた」と土木学会と国土交通省を強く批判しました。復興会議で「減災」の理念が導入されたはずでしたが、被災地での現実は、「減災」は結果的に有機的に機能しませんでした。例えば、田老地区の「丘の上のニュータウン」の建設でも湾口には十五ｍ近い巨大防潮堤が併設されました。

河田はその原因を分析して、復興構想会議によるその後のチェックシステムがなかったことや、減災で示した防災インフラにどのような減災機能があるかを具体的に示せなかったからだとしています。さらに、災害救助法のもと急ピッチにインフラ整備が求められるなか、市民の合意形成、費用対効果などの検証も義務づけられていないことがこのような結果になったと私は考えます。

復興会議の教訓

復興財源確保法制定を大きな目標とした設定された復興構想会議でしたが、被災が大きければ大きいほど、復興の方針を決定する会議の議論が極めて重要だったことが被災後七年を経っての実感です。理念的なメッセージとともに防災工学的視点で、前例主義に基づく行政の姿勢に対して制度設計の変更を求めるような強いメッセージが重要と考えます。五年経っても続けられている河田発言には大きな意義を感じるとともに、今後の備えへの原動力となることを期待したいと思います。

強靭化大賞表彰式には、この法律の発案者となる二階俊博自由民主党幹事長、そして今回のコンペを総括した藤井聡氏が登壇しました。藤井氏は京都大学土木工学科卒業、現教授、さらに内閣官房参与として防災減災レジリエンス担当を歴任しています。さらに現職の石井啓一国土交通大臣ら三人がともに登壇しました。二〇一七年の国土交通省からの予算の概算要求では三年連続して六兆円を越える要求のなか、災害から国民を守る「国土強靭化」や「災害対策の推進」「災害時の物流確保」、さらに復興庁からは復興・創生期間二年目として合わせて二兆円弱を要求し、安倍首相の二〇一六年の通常国会施政演説でも安全と安心の国づくりとして、被災地の復興とともに国土全体の強靭化を掲げました。

「建築」と「土木」の多元的融合ステージの構築と活動

私達の復興計画案発想の原点となる長年の建築、土木の融合の活動を中心に紹介したいと思います。

戦後の高度経済成長を象徴する建築界におけるメタボリズム※の広がりのなかに、この「建築」と「土木」との融合の萌芽があったと考えています。これにつづく融合の成果がバブル経済期におけるウォーターフロント計画などに代表される海洋空間や地下、交通空間での融合に向けた広がりとなります。また、土木界では二〇〇〇年頃社会資本やまちづくりの景観などデザイン化のニーズに基づく新たな活動がスタートし、この中に両者の融合の実現性がさらに高まったと感じます。その後、一九九〇年代後半のバブル崩壊、二〇〇八年のリーマン・ショックを経て東日本大震災の復興こそが、これまで以上に両者の融合が継続的、発展的に展開することが求められていると考えます。

そこで両者の融合のための個人的ではありますが伊澤自身の活動の方法と手順を開示することで、広く建築と土木の融合に向けた方向を示したいと考えました。特に活動で感じた多くの融合への阻害要件を明らかとすることは融合への大きな歩みとなると考えます。

※メタボリズム
一九六〇年代の建築思潮。都市建築を変化するダイナミックな過程としてとらえ、生物学とのアナロジーで構想された建築理論。菊竹請訓、黒川紀章らによって提唱された。

融合のためのステージ

融合のためのステージを、次のような融合の熟度による発展的な三つのステージに分けてみました（表1）。

第一は、融合の基礎となるステージです。これまで土木教育に欠落していたデザインを

表1　建築と土木の融合の多元的ステージにおけるキーワードと実績（伊澤）

融合のステージ		活動							
基礎ステージ	教育	日本大学理工学部建築学科・海洋建築学科（建築系）でのデザイン教育							
		日本大学理工学部交通システム工学科（土木系）でのデザイン教育							
		鉄の道	空の道	人の道	海の道	水の道	山の道	①施設系（インフラ）	融合のキーワード
		地下	水上・海上	丘陵地	海	河川（運河）	丘陵地	②地形系（環境）	
		旧大谷石石切り場	水上機スロープ（旧鹿島海軍航空隊）	清水寺・宇治上神社	厳島〈災害対応〉	桂離宮・平等院〈水害対応〉	京都世界遺産境内〈地形のバリア対応〉	③-1技術系（歴史）	
		ライトウエル（環境装置体）	水上空港	バリアフリー	軟着底構造方式	運河機能（水位調整）	造成法	③-2技術系（現代）	
応用ステージ	構想・研究	トラポリス（軌道空間都市設計）	水上空港ネットワーク構想	新バリアフリー法道路のガイドライン	海上都市構想	水の回廊構想	丘陵地に建つキャンパスの建築計画的研究（学位論文）		
	実施設計	・船橋日大駅 ・新宿西口駅 ・東新宿駅		船橋日大前駅の駅前広場・アクセス道路			東京薬科大学キャンパス・静岡県立大学キャンパス		
	出版	交通空間のデザイン	交通空間のデザイン	交通バリアフリーの実践 交通空間のデザイン 京都・奈良の世界遺産	海洋空間のデザイン 交通空間のデザイン 京都・奈良の世界遺産	運河・再興の計画 交通空間のデザイン 京都・奈良の世界遺産	観光とユニバーサルデザイン 京都・奈良の世界遺産		
総合化ステージ		復興計画・防災計画							

歴史とともに土木デザイン教育に導入する活動です。具体的には、私は建築学科で二十年間のデザイン教育に携わり、その後土木系学科に移籍して土木デザイン教育を立ち上げています。

第二が、応用となるステージで、社会資本やまちづくりの景観におけるデザイン化が求められるなか、都市インフラのうちもっとも身近な融合の象徴となる駅の設計活動による融合を具体化するステージとなります。さらに、丘陵地キャンパスとなる東京薬科大学での敷地の造成法についての研究は、キャンパス竣工後、学位論文としてまとめました。さらに融合をテーマとしたこれらの設計の成果をまとめた出版によって基礎、応用の各ステージでの活動がより社会的アピールとなったと考えます。

第三が、総合化となるステージで、本書の復興と防災計画のまちづくりに向けたステージと位置づけました。

これらの融合の活動の中からキーワードを抽出し、各ステージ間を相互にリンクし総体としての自身の融合における基本的な構成をマトリックスでまとめました（表1）。

基礎ステージ　土木デザイン教育の構築

土木の社会的、公共的な側面から、そのデザインの重要さが求められるなか、建築学科から移籍して土木系の交通システム工学科でのデザイン教育を既存の限られた科目構成の中に、モデル的デザイン教育を低学年から高学年にいたる総合的なシステムの中に構築しました。具体的には、座学と演習との関連性を考慮してデザイン教育を①表現方法の習得、②形づくり（デザイン）、③総合化（卒業設計など）のプロセスで具現化したものです。さらに、デザイン教育を必須科目として全員が受講することとなります。

特に演習となる製図から設計までのプロセスを具現化するために多数の課題や、そのための教材づくりを試行するとともに、デザイン教育でもっとも難しい多人数教育に対しても、私学における建築系学科での経験をベースに土木におけるデザイン教育の構築が可能となりました。建築系学科での卒業設計指導によって受賞した日本工業教育協会での業績賞の受賞は、これら土木デザインの教育活動の原点でこの延長線の土木デザイン教育活動となります。

以上の方法と成果は、土木系の他大学におけるデザイン系カリキュラムにも大いに波及し、各大学が更なる成果を独自に積み重ねることで、土木系学科におけるデザイン教育の充実が図られ、デザイン教育の導入が一般化されるようになったと考えています。

応用ステージ　駅とキャンパスの設計

①駅の設計

自身が勤めるキャンパスに立地する船橋日大前駅の設計から、駅における建築と土木の融合における問題点が設計を通じて明らかとなりました。具体的には、建築と土木の役割は明確で土木はインフラ、建築は仕上げ化粧という縦割り分担で、駅はさらに土木に加えて電気、建築などとの境界領域であることで、計画やデザインをこれまで広く議論されなかったことが大きな問題と感じました。このためにも今後土木技術者の基礎的なデザイン力が必要で、将来の土木技術者への土木デザイン教育が融合のためのもっとも効果的なプロセスと考えています。このような融合のための議論がなされないなか駅における新たな空間的可能性を閉ざして、切符を持たない無用な人々を拒絶する、管理された空間としての駅がいまだに商業施設「エキナカ」商店街の新設につながっています。

　そこで設計では多くの制限条件のなか、ヨーロッパの終着駅に象徴されるような全天候型の大空間に乗車の有無にかかわらず人々を迎え入れるような開放的な駅を目指しました。そのため駅に人々の交流が図れる機能を加え、改札空間に全天候型の大空間を張弦梁構造で具現化しました。また、地下階となるホームが環境的にも閉鎖的な環境となるためこのホーム階に、地上の環境や気配を感じるための装置としてのライトウエル（光庭）、環境装置体を上屋と土木躯体を連続するように導入しました。この空間的連続性の確保は土木のインフラに上屋から垂直にクサビをさし込むこととなるものです（図4）。

　構造は、恩師で構造家の斎藤公男日本大学名誉教授です。教授は故小林美夫設計のダブルアーチの岩手県営体育館の構造設計者でもあります。

　さらに駅の設計にとどまらず、まちづくりを含む総合化を駅前広場、アクセス道路にも拡大して、いうなれば都市デザイン的レベルでの融合を実現化できたと考えます。広場は信号のないラウンドアバウト（円形交差点）を具現化し、大震災後の外部電力に頼らない事例として被災地でも再評価されています。そしてアクセス道路では歩者共存道路を具現化しています。「駅」を交通システム総体としてとらえていて、建築に限定した「駅舎」とは一線を画した空間概念となります。

　これらの成果は、それぞれが一方的だった建築と土木の両者がデザインを介し問題解決のためにフィードバックシステムを構築できたことによる融合の成果と考えます。

　その後、大江戸線二十七駅の設計者指名コンペで指名を受け、二つの駅の設計を担当し

図4　船橋日大前駅（設計：伊澤岬他、構造：斎藤公男）

融合の活動をさらに深めましたが、その成果は請願駅としての船橋日大駅以上の課題に直面することとなりました。

ここでの成果の一つに、設計担当の建築家名とともに土木技術者名が全駅のコンコースの銘板に刻まれたことがあげられますが、土木において画期的なこととなり融合の成果といえるものです。

②キャンパスの設計

丘陵地に立地するキャンパスの造成は土木、上屋は建築という縦割り区分が駅同様明確でしたが、新たな融合の可能性を丘陵地利用の計画的な研究とその実施設計のなかに示しました（図5、6）。

土木が先行する造成において地形形状の保全を目標に、地形の改変を最小化しつつ、自然環境を最大限活かした建築物やグランドなどの野外施設の配置を行って、自然との有機的な調和のなかに新たな景観の創出が求められました。これに対して私達が示した具体的な方法は次の出版の項で述べます。

駅同様一方的だった両者が、デザインを介し問題解決のためにフィードバックシステムを構築できたことが融合の効果と考えています。

③出版

「海洋」「交通・バリアフリー」「地形」をテーマとした成果でいずれも建築の分野というよりも土木に近いか、その中間的分野となります。

図5　東京薬科大学基本計画全体模型
スチレンボードによる地形表現　1/1000
（設計：小林美夫）

「海洋」は、『海洋空間のデザイン　ウォーターフロントからオーシャンスペースへ』（彰国社、一九九〇年）で、海上都市構築にあたり、厳島神社の海上木造社殿がどのようにして長きにわたり存在したのかという疑問を、現地調査に基づく歴史的技術の分析とともにデザイン的視点からの考察を加え、従前の建築史の分野とはまったく異なる著作となります。この厳島の歴史的海洋木造社殿の研究から学んだ外力を「かわす」理念を、浮力による免震構造の軟着底構造方式による海上都市の提案へと展開しています。この外力を「かわす」構造方式を、今日では当たり前となった海における自然環境の保全についての認識を歴史に学ぶことで深めましたが、これは、環境改変を最小限とする形式ともなります。これまでの多くの海上都市構想に欠落していた歴史、技術、環境対策、災害対策の視点を取り込んだもので、東日本大震災では外力としての津波をかわすまちづくりの提案につながるものです。

「交通・バリアフリー」では『交通空間のデザイン　土木と建築の融合の視点から』（彰国社、二〇〇〇年）で、土木インフラを両者の融合を前述のマトリックスで示したような水の道にはじまって、海、人、鉄、空のインフラを取り上げて交通空間における建築と土木の融合の可能性を多面的に論述し、終章に「土木デザイン教育の方法と成果」を詳しく示しました。これは他大学の土木デザイン教育の立ち上げにも大いに役立つこととなりました。

また、建築・土木の分野と医療・福祉関係者とが組織的な融合のために立ち上げたのが日本福祉のまちづくり学会ですが、大きな成果の一つが「交通バリアフリー法」制定といえます。そのガイドラインの作成には、都市デザインの視点から加わりました。また共著

図6　東京薬科大学キャンパス最終模型
コルクによる地形模型　1/400
（設計：小林美夫）

となる『交通バリアフリーの実際』（共立出版、二〇〇六年）では「交通バリアフリー空間の設計とデザイン」を執筆、さらに『観光のユニバーサルデザイン』（学芸出版社、二〇一〇年）では京都の世界遺産境内を対象に「歴史遺産のユニバーサルデザイン」の執筆を担当し、これがその後『京都・奈良の世界遺産　凸凹地形模型で読む建築と庭園』（実業之日本社、二〇一七年）の出版へとつながりましたが、これらの歴史的境内についての著作の原点は、既述した東京薬科大学キャンパス（一九七四年）における地形に関わる設計、研究活動に遡ります。

戦後の高等教育の大衆化が進むなか、都心での人口増大を抑えるため「工業等制限区域」が指定され、ほぼ東京二十三区内での工場と大学の設置が制限されました。この結果キャンパスは、郊外の自然丘陵への進出が大規模に進みました。このような中、丘陵地に立地するキャンパスの設計計画上必要な敷地の勾配、高低差に加え地形単位となる凸凹地形と施設のゾーニンクとの関係性を計画的な視点でまとめて学位論文（一九八〇年）にまとめましたが、これまで丘陵地における造成法が十分に整備されていないなか地形の「活かし方」を示したものです。

その後、わが国での世界遺産の登録を機に、境内が障害者を含むだれとも共有しようという福祉の視点から、凸凹地形の境内の車イスでのアクセスを分析しましたが、それが、この「歴史遺産のユニバーサルデザイン」につながりました。さらに、近著での世界遺産の境内の建築、庭園を地形単位「凸凹地形」「斜面地形」「平地」によって京都境内を例として五つのカテゴリーによる「読み方」として示し、これが紀伊山地の霊場を除くほぼすべての世界遺産の境内にも応用できるとしました。

この世界遺産の境内との空間的関係性を分析することで、東京薬科大学では丘陵地の山容を一変するこれまでの造成法でなく、もともとある「凸凹地形」単位を活かし、静岡県立大学では「斜面地形」をスロープ状に活かしています。五つのカテゴリーうち前者のキャンパスは清水寺、後者は宇治上神社との造成法につながるものです。

また世界遺産とともにキャンパス事例を示すことで、この地形の「読み方」が、「活かし方」いわば設計法、「直し方」いわば地形による環境再生法、さらには復興計画にもつながることを示しました。本書における東日本大震災での多様な立地となる被災地に対してのまちづくりにも、この地形的分析が応用されています。

また「歴史遺産のユニバーサルデザイン」では、直近の話題となっている名古屋城本丸の復元計画での権利（ノーマライゼーション：障害者を含む利用者への配慮）と義務（オーセンティシティー：歴史的な真正さ）の対立の中、その融合をデザインの視点から「透けて、消えるエレベーター」がこれまでの研究の成果で有効な方法と考えます。

以上、これまで極めて少なかった土木系でのデザイン書として、建築から土木へのデザイン的橋渡しとしての出版と研究による融合のための成果と考えます。

④総合化ステージ　復興計画と防災計画

第三の総合化としての復興と防災計画では、厳島神社の歴史に学んだ津波を「かわす」という減災に近い考え方で、被災地内外の防災システムと各種防災ツールによって提示した本書の主題となるものです。

以上、抽象的になりがちな建築と土木の融合を多元的なステージをベースとした総体としてとらえて示すことができ、両者の融合がさらに拡大することを期待したいと思います。

復興提案の第二の挑戦のテーマとなる再生エネルギー、太陽エネルギーについてはすでに述べたメガソーラー発電に象徴されるようにエネルギーの「量」に対して議論が集中し「質」について、例えば、原発事故による被災地の福島県固有の議論が巨大防潮堤の防災インフラ同様低調です。この「質」については第四章で取り上げますが、具体的にゼロエネルギー建築（ＺＥＢ）に象徴される新たな建築型をイメージしています。これによって「建築」と「土木」の融合同様「電気・エネルギー」と「建築のデザインと技術」のなかにも展開したものです。

また、第三の挑戦のテーマとなる水上機によるネットワーク構想は被災地にとどまらず国土における高速交通格差のある地域をネットワーク化しての「交通」と「まちづくり」の融合を目指した活動となり復興、防災を原点としたより多様な融合の必要性、いうなれば社会システムの構築につながる視点と考えます。

多元的融合における土木との人的ネットワーク

私（伊澤）はほぼ四十年の大学在籍中、前半二十年が建築系で、後半は土木系で教鞭をとりました。両分野の融合の初めての体験は大学院修了後、恩師故小林美夫の主宰する設計事務所での既述した東京薬科大学キャンパスの設計となります。

その設計組織は、大学法人が選んだ設計顧問団としての東京大学とのコラボレーションとなりました。建築計画の分野からはその学の創始者のひとりである重鎮、吉武泰水が、さらに土木分野から土木計画学の鈴木忠義が加わりました。鈴木からは丘陵地に立地するキャンパスの「造成」についての指導を仰ぐこととなり、恩師の代理として直接話をうかがいました。鈴木は3・11にもっとも欠落した市民によりそう土木を「ドブ板土木」と自らの活動を表現するなどユニークな発想の持ち主であるとともに、計画学の分野を「観光」「交通」「景観」に拡げ、その実行者として観光の故渡邊貴介、交通の森地茂、景観の中村良夫をすえて土木計画学の裾野を大きく広げるとともに魅力的な陣容を構築しました。特に中村は、景観の第一人者で、この東京薬科大学の造成の実務を鈴木の指導のもと担当したことを本人から直接うかがいました。

その後、私は、土木系の交通システム工学科に移籍して、これらの土木計画学の方々との交流がさらに深められました。この移籍は舗装工学が専門で透水性舗装の発明者、故三浦裕二名誉教授の申し入れで、三浦が移籍直後に設立した都市環境研究会では、さらに多くの土木関係者との交流がはじまりました。その一人が篠原修ですが、篠原は中村の弟子となり、その後、東京大学社会基盤工学科に景観研究室を構え、建築家の内藤廣の東京大学への招聘につながりました。内藤は建築家としてすでに多くの実績を積んでいましたが、新たに日向駅、高知駅などの土木的作品がその後多数加わりました。内藤の土木系研究室招聘の十年前が私の土木系への移籍となります。また、篠原が委員長を勤める土木学会景観委員会メンバーに加わり、建築学会での作品賞ともいえる土木デザイン賞の制定にも加わりました。

私が前述した三つの駅の設計は三浦との共同設計で、三浦とのつながりは助手として建築学科に戻った直後、理工学部で学際的メンバーによる軌道空間都市構想「トラポリス」の指導いただき、この構想デザインを特に建築と土木の教員との融合のなかでとりまとめたものです。

交通バリアフリーの関係では、日本福祉のまちづくり学会での中心的存在となる前学会長の秋山哲男、本学出身の横山哲とは交通計画からの交流となります。横山の学位論文は「ノーマライゼーション理念に対応した歩行交通環境に関する基礎的研究」で、また江守央は研究室の助手として教育・研究を協働し、当学会の第一回の学会賞を「交通バリアフリー基本構想策定後の継続的な市民参加のまちづくりに関する考察」で受賞しています。

さらに三浦とは『運河再興の計画』を出版し、この著書の共同執筆者に河川工学の第一人者の高橋裕が加わり、この関係から桂離宮の洪水をかわす「桂垣」のご教授を大熊孝からいただきました。さらに宮村忠とは土木学会主催の「日本の国土と海運を拓いた河村瑞軒」の展示会を企画して、その会場のデザインも担当しました。高橋は、ダムの社会的年限は過ぎたとして、ダムや堤防に頼らない治水が求められるとして「あふれる川」を認め大洪水に対しては昔のように水田を遊水池にするなどの対策を提言しています。津波を抑え込まずに「かわす」方法につながる考えといえます。

また旧建設省河川局長の尾田栄章にも本書出版の協力を頂きました。尾田は3・11後、私達が復興支援を続けている福島県富岡町の南でいわき市に北隣する、広野町の任期付職員の公募で復興業務に携わりました。

所属していた交通システム工学科では土木史の原点的著作ともいえる『物語日本土木

史』の著者、故長尾義三が当時存命で、その後、土木近代化遺産が専門で、勝鬨橋の活用を積極的に進め、現在イコモス国内委員会が「二十世紀遺産二十」にも取り上げている活動のキーマン伊東孝や、さらに国土交通省河川局からの故吉川勝秀らが加わり、両者の融合による交流が日常的な教育、研究環境のなかで共有することができました。

東日本大震災の被災地宮古市田老地区に同行取材した日刊建設工業新聞社の横川貢雄は三浦門下生であり、また所属した学科はモータリゼーションに関連した研究者が多いなか、航空関係で学位を受けた轟朝幸が私の研究室の初代の助手でその後、東京大学土木、高知工科大学を経て古巣に戻り本書の共同執筆者となり、東日本大震災後、国土交通省航空局の「空港における地震・津波に対応する避難計画・早期復旧計画検討委員会」委員長を務めています。轟と横川は大学の同級となります。

最後に、土木工学科ＯＢの元農林大臣故近藤元次、元ＵＲ理事の故松田慎一郎にはＯＢの立場から船橋日大前駅請願誘致に協力いただきました。また、被災地での増田知事時代の副知事を勤めた故竹内重徳、佐藤昭塩竈市長ほか多数の行政での土木関係ＯＢが加わります。

交通システム工学科でのデザイン関係の非常勤講師には都市設計家で、後述する３・11被災地女川町で「海の見える嵩上げスロープ」によるまちづくりを担当した小野寺康は中村の門下生で、また建築家の西村浩は東大社会基盤卒で岩見沢駅で日本建築学会作品賞を受賞し、水上機のシンポジウムに参加した平野勝也と同級で、ともに篠原の門下生となります。

太陽エネルギーについての人的ネットワークは、研究会設立には松田平田設計の下青木義紀に尽力いただき、同社の貝守健児が事務局長を勤めました。設立記念シンポジウムを二〇一〇年六月に元赤坂の同社で開催し、急遽、日本設計の環境創造マネージメント長の大野二郎とともに記念講演を行い、以来理事、副会長、現在会長となります。特に故杉本賢司（大成建設）は設立当初より太陽エネルギーについての技術的アドバイザー的存在で、岩井光男（三菱地所設計元副社長）ともども理事として参画いただきました。大野、岩井は小林美夫門下生で後輩となります。大野の太陽エネルギーの代表作に日本大学理工学部十四号館があります。

また福島原発被災地での市民によるメガソーラー発電所の支援を飯田哲也とともに協力して、原子力工学科出身ならではの様々な知見をいただきました。この研究会のメンバーによる『BIPVって何?太陽エネルギーを纏う建物』出版の協力企業を第四章に巻末に記載しました。このメンバーによる貴重な人的ネットワークも加わります。

また、水上機に関する人的ネットワークは、第一章、水上ネットワーク構想での支援方法で紹介したシンポジウム講演者、パネラーの皆様と研究会メンバーによる人的ネットワークとなります。

第三章

第一の挑戦
「かわす」まちづくり

3

厳島海上社殿と復興計画

巨大防潮堤にかわる、もしくは補完する新しい「防災ツール」が将来への復興に求められています。そのための計画理念として掲げた津波を「かわす」方法は海上木造社殿厳島神社の研究から学んだもので、台風による社殿被災の度に、より美しくより強く蘇る厳島の魅力を〈ワザ〉と〈タクミ〉の視点から分析して前述の『海洋空間のデザイン』を出版しました。きっかけは新たな海上都市像の構築にあたりその知見を高めるため、歴史遺産の海上木造社殿がなぜ八百年もの長い間木造建築物として海上に存在しえたのかという技術的〈ワザ〉についての疑問を解くために、現地調査を踏まえデザイン的考察を加えて、従前の建築史の分野とは異なる分析を試みました。

　厳島は、海上に立地しながら物理的な堤防に類する施設がありません（図1）。社殿は、あたかも地上に存在するかのごとく、あまりにも自然に佇んでいることが建築的魅力〈タクミ〉です。この〈タクミ〉は、繰り返された自然災害に対してさまざまな技術的な試行錯誤の中に生み出された〈ワザ〉であることを示しました。結論からいうと、その〈ワザ〉は、社殿の背後の河川からの「土石流をかわす」ための河口の変更と、これにともなう緑の堤防としての千本松原の形成による「水の道」の存在で、その後「風の道」の存在も明らかとしました。さらに、建築的対応としては回廊の床板のすき間によって干満や高潮による海面上昇のエネルギーを分散し、床の下からの波による構造物の破壊をまぬがれるディテールで（図2）、いずれも「建築」と「土木」の多様な技術的融合によって生み出されたユニークな歴史的建築群といえます。

さらに厳島の専属技師であった故岡田貞次郎氏のオーラルヒストリーなどから、社殿全体に占める割合において圧倒的な長さとボリュームをもつ回廊は、本殿を守る堤防に代わる消波施設だと推論しました（図3）。絶対に壊れてはいけない本殿に対して、付属的な構造物となる回廊はある程度壊れても差支えない簡単な構造として、むしろ壊れやすくすることによって外力のエネルギーを吸収して社殿の重要な建築を守るという技術的対応がなされていると結論づけました（図4）。現在進められている東日本の復興の中心となる巨大防潮堤同様、回廊が連続していますが、簡単な構造物とすることによって外力に対して緩衝体としての役割を担い過大な堤防がなくても防災的対応をしていることを、これまでの被災の分析から明らかとしたものです。

また、直近の台風被害でもすでに紹介したように祓殿の「浮き床」の存在が明らかとなりました。これはすき間のある回廊の床に対してもっとも重要な建築群となる本殿、拝殿とこれに連続するこの祓殿の床材はびっしりと大きな床材が敷き詰められ、回廊とは異なる床構造となります。今回の台風で床下からの強い高波による集中力によって、この床材が浮き上がり波の力を低減して祓殿の壊滅的な崩壊を防いだと考えられます。具体的に、床材は祓殿を支える柱とは構造的に分離され、床は柱との接点で柱の形状に合わせてく

図1　厳島社殿全景

り抜かれ（図5）、床下からの外力によって頑丈な床が浮き上がり柱に大きな擦り傷が残る程度の被害にとどまりました。このようなメカニズムを平常時、外部から理解することはできませんが、大きな被害を受けたその痕跡の中から外力を「かわす」技術対応が明らかとなったものです。

塩野七生氏は、偶然にも被災直後に復興ビジョンとして雑誌の電話インタビューで「水の危険をかわして水と共生する」ヴェネツァの運河をモデルに津波にも「かわす」対応ができると具体的に提案しています。『海洋空間のデザイン』では厳島とともに、このヴェネツァを海上都市の原点として同氏の『海の都の物語　ヴェネツァ共和国の一千年』を引用して相互の関係性を多面的に論述しました。

また、『交通空間のデザイン』では、桂離宮の高床のピロティ、さらには平等院の翼廊のピロティは、ともに隣接する河川の洪水から外力を「かわす」建築的対応であることを論述しました（図8）。特に、桂離宮の「桂垣」については大熊孝氏からご教示いただき、この生垣が水害防備林として機能を備えていて防潮堤や堤防の役目を果たしていることを確認しました。具体的には生きた竹垣の竹葉のかたまりによって桂川からの洪水を一時的に抑えます。水が竹葉に浸透することで時間を稼ぎ、人の避難行動に移ることができます。海の厳島だけでなく川を代表する歴史遺産としての名建築である桂離宮にも厳島社殿同様の「かわす」防災的メカニズムが存在していました。近代河川工学の堤防によって増水を「抑え込む」現代人の常識と対峙する建築と土木の融合による外力を「かわす」歴史的成果がこれらの名建築群に活かされていたといえます。

以上のような歴史に学んだ成果を復興の新たな防災ツールとして「防災ブリッジ」など

図2　厳島　回廊のすきまのディテール

図3　厳島本社、客社を外力から防御する緩衝帯となる回廊群の構造(1/1000)

図5　厳島　祓殿浮床のための柱型の刳貫きのディテール

図4　厳島　能舞台の風による被害

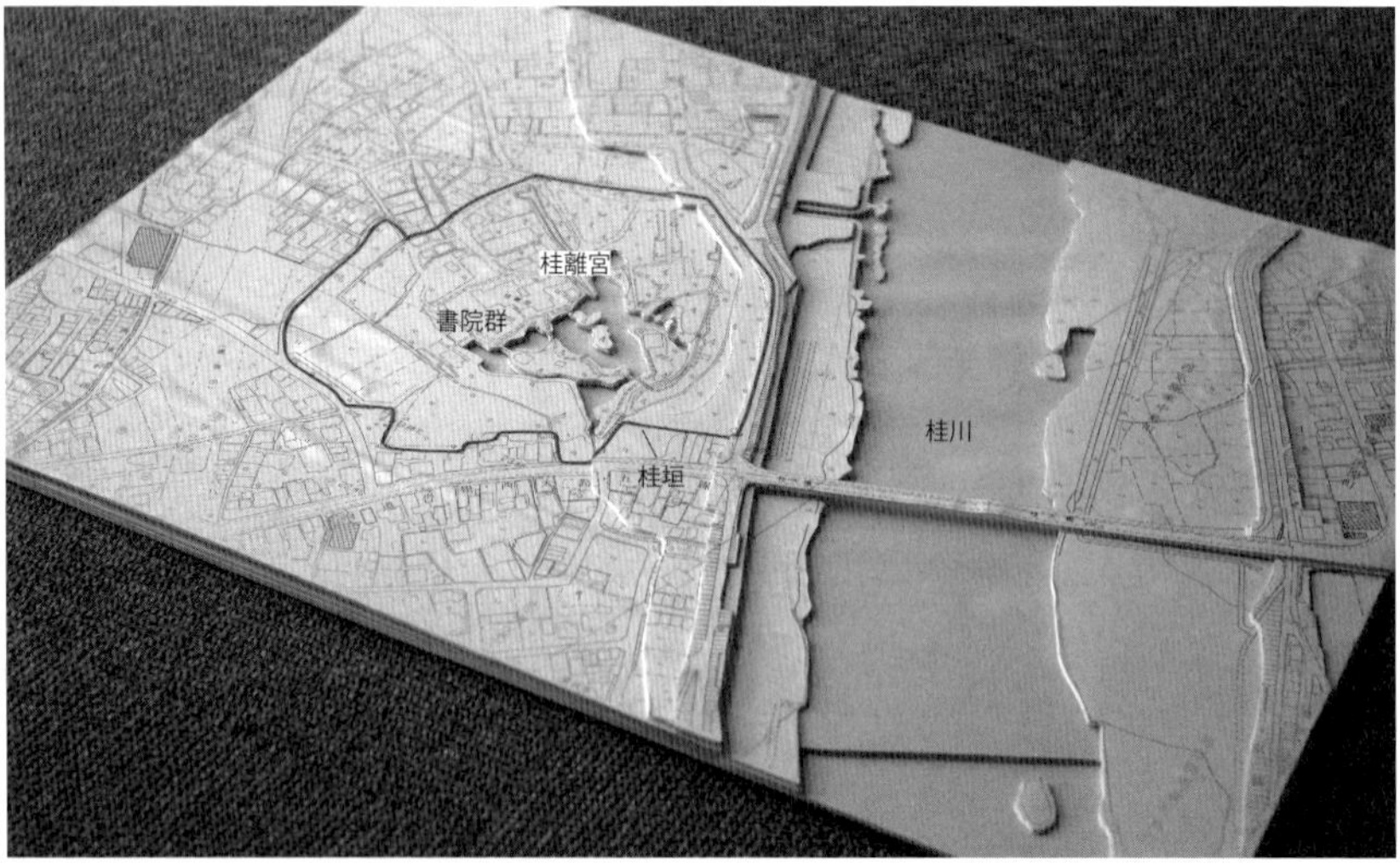

図6　桂離宮と桂川地形模型（1/2000）

図7　桂離宮書院群の水害対応としての高床

図8　水害防備林<桂垣>のディテール

のハードな施設に具現化するとともに、「防災ネットワーク化」のソフトな防災ツールで展開しようとするものです。何回か述べましたが赤坂憲雄は、巨大防潮堤が出来た時には人口減少になることが想定される東北に、巨大防潮堤の建設という過大な復興投資に疑問を呈しました。この解決につながる計画理念と考えています。

一方、東日本大震災の現実の復興計画は、津波を川の洪水と同様に「抑え込む」という考えによって、より強固にデザインされていますが、決して美しい形態とはいえません。今回の大津波で二百人の犠牲者を出した岩手県宮古市田老地区は、十ｍの防潮堤で大きな被害を被り、今回さらに十五ｍの高さにまで引き上げられ、三陸のリアス式海岸には延べ四百㎞に及ぶ万里の長城のような大型防潮堤が形成されつつあります。

外力である津波を「かわして逃げ切る」計画を具体化する新たな防災ツールの提案は、リアス式海岸の凹地形の漁港の港街となる岩手県宮古市田老地区となります。既述したように、この凹地形の特徴を活かして間口二㎞ほどの湾口側にスカイウェイ状に既存の修復した十ｍの防潮堤の上部に「防災ブリッジ」を設け、ここに多様な垂直動線を介して逃げきる提案です。規模は大きく異なりますが、厳島の回廊や桂離宮の存在感のない竹葉の防水堤に学んだ防災ブリッジともいえます。このブリッジは堅固な鉄筋コンクリート構造で、津波に対して安全避難レベルを獲得する構造となり、さらに「防災ブリッジ」の安全避難レベルと連続的に同一レベルの凹地形の山辺を利用した避難路「防災コリドール」につなげ、まち全体に安全な避難路を構築することとなります。これらの施設によって外力、津波を「かわして逃げ切れる」まちづくりを全体計画の中に提案しています。

さらに地形的特徴を活かして、凹地形の宮古市田老地区の居住地にも新たな施設的防災ツールを提案しました。国の進めている防災ツールとして凸地形への「高台移転」に代わって、被災浸水地周辺部となる丘の斜面に避難斜行インフラと住居群を合築した「斜面住居」の提案です。

一方、凸凹地形の特徴をもたない浜辺地区の平地となる被災地の復興には、「防災ブリッジ」の閉鎖型となる防災ツールとして提案したのが「防災輪中」です。この提案のもっとも重要なポイントは、「防災ブリッジ」の構造同様、輪中上部は堅固な鉄筋コンクリートとし、安全避難レベルを構造的に考慮している点です。土塁によって緑の景観を形成しますが構造上は堅固な防災的施設となります。さらに共通して地域全体を五百ｍ「避難経路のネットワーク化」を計ったソフトな防災ツールの提案が加わります。

宮古市田老地区での支援活動後、被災地行政が企画したまちづくりコンペに積極的に参加しました。田老地区同様凹地形の気仙沼市では、自然の山辺の地形に加え、海際の防潮堤に「防潮堤の建築空間化」と「防潮堤の上部を避難路化」として、この防潮堤内外を結ぶ水門によって既存市街地からの「海へのビスタ」を獲得して、防潮堤内外ににぎわいの港街を形成します。さらに千葉県旭市いいおかでは前述の「防災輪中」を浜部地区に提案して気仙沼同様「佳作」をいただきました。

これら宮古市田老地区、気仙沼、旭市いいおかでの三プロジェクトとも共通するのは厳島に学んだ外力を「かわす」方法に、国の進める凸地形の「高台移転」を加えることで、防災ツールの使い分けと組合せによってあらゆる地形にも対応できる汎用性の高い提案となるものです。

この三プロジェクトを詳しく図面や３Ｄパース、模型を中心に紹介したいと思います。

宮古市田老地区復興計画

防災ツール：「防災ブリッジ」「防災コリドール」「斜面住居」と「防災ネットワーク」

巨大防潮堤一辺倒のツールだけでなく多様な防災ツールを提示して、その組み合わせによって様々な立地の被災地にも応用でき、将来の復興遺産として受け継ぐことが必須と考えます。

計画対象地は、過去に何度も津波の被害を受け、一九三三（昭和八）年の三陸大津波直後に市街地の高台への移転を求める住民の強い声が上がったものの代替用地不足で、結果的に移転の代わり全長約三㎞弱、高さ十ｍの防波堤が市街地を海から二重に囲むように築かれました。今回の被災でまちは、この防潮堤の一部崩壊とともに防潮堤を越波して市街地全体が壊滅的な被害を受けました。そこで標高二〇ｍを安全避難レベルと想定し、避難距離五百ｍで平常時・非常時を問わず移動を容易にする防災ツールによる「多重防御」の考え方によってＬ2対応の新たな防災ツールによる復興提案をまとめました。

Ｌ1は破壊された十ｍの防潮堤の修復で対応します。

当時復興のための想定防潮堤高さが確定していませんでしたので二十ｍと想定しましたが、その後十五ｍに確定し安全避難レベルをこの値に下げることとなります。

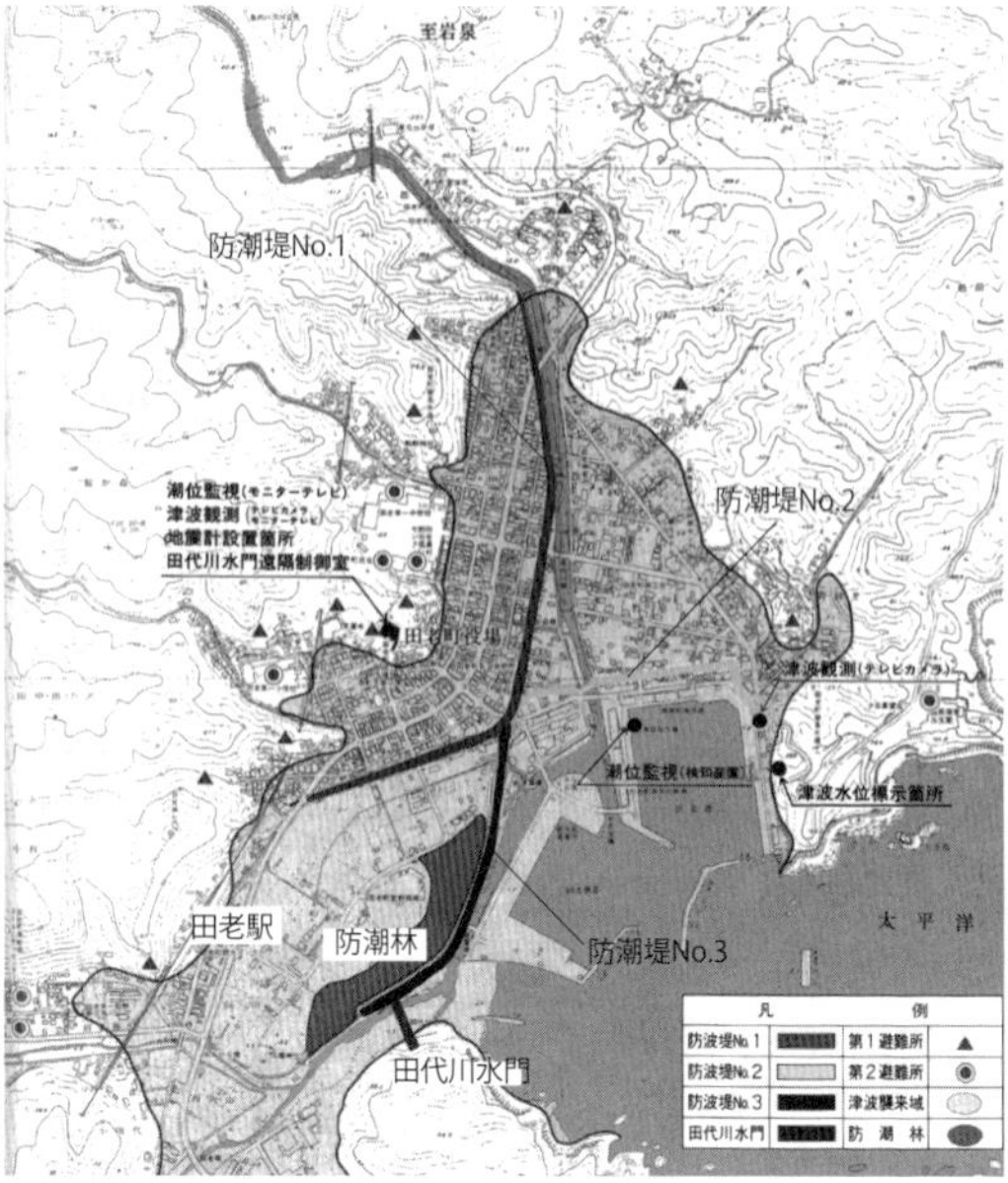

図9　宮古市田老地区の被災前の防潮堤
（出典：田老町「津波と防災」から）

図11　破壊した田老漁港の高さ10mの防潮堤、この上部に「防災ブリッジ」を提案

図10　10m防潮堤内の被災した田老地区集落、遠景水域は田老漁港

図12　津波遺構として保存が決まった観光ホテル

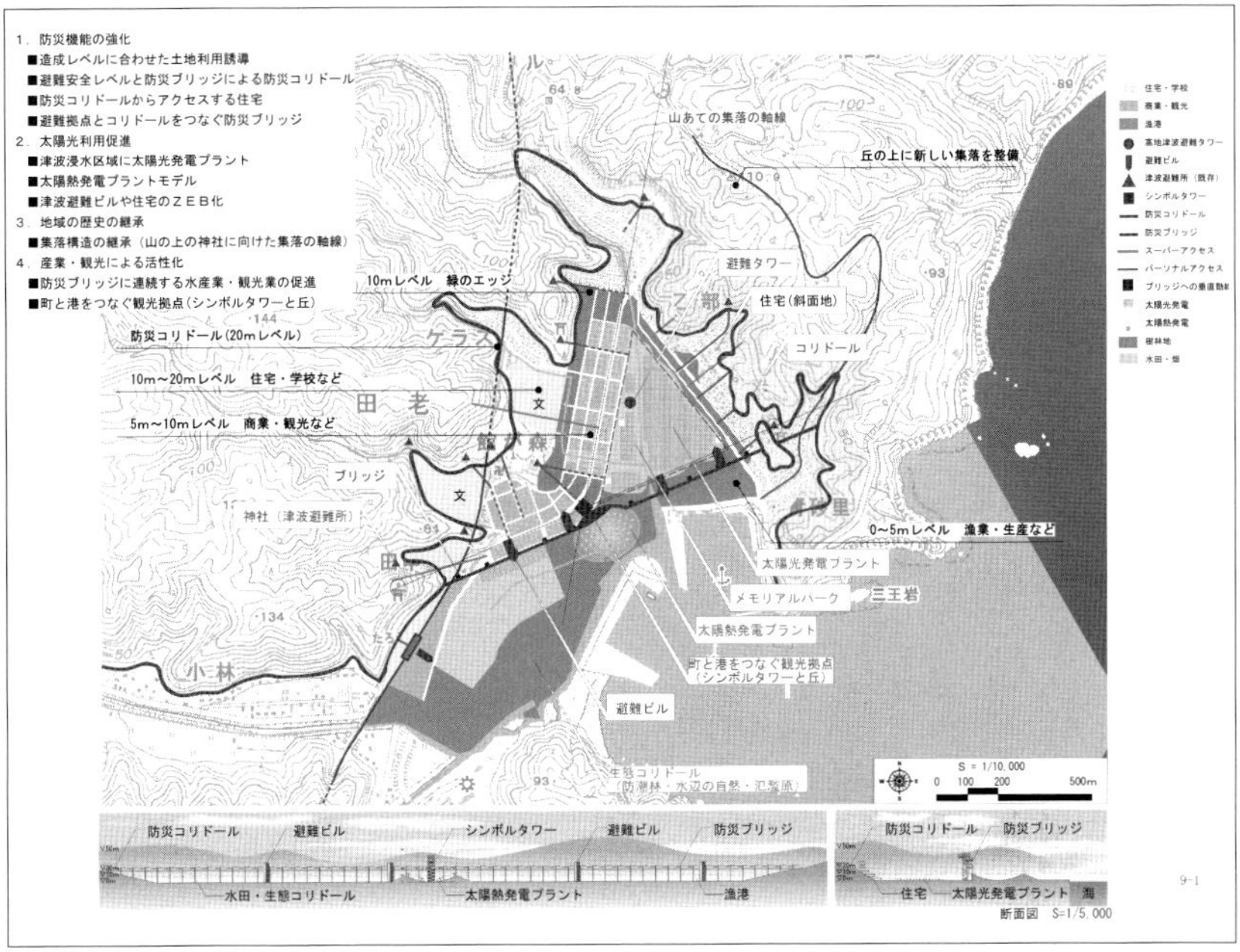

図13　復興計画全体計画図

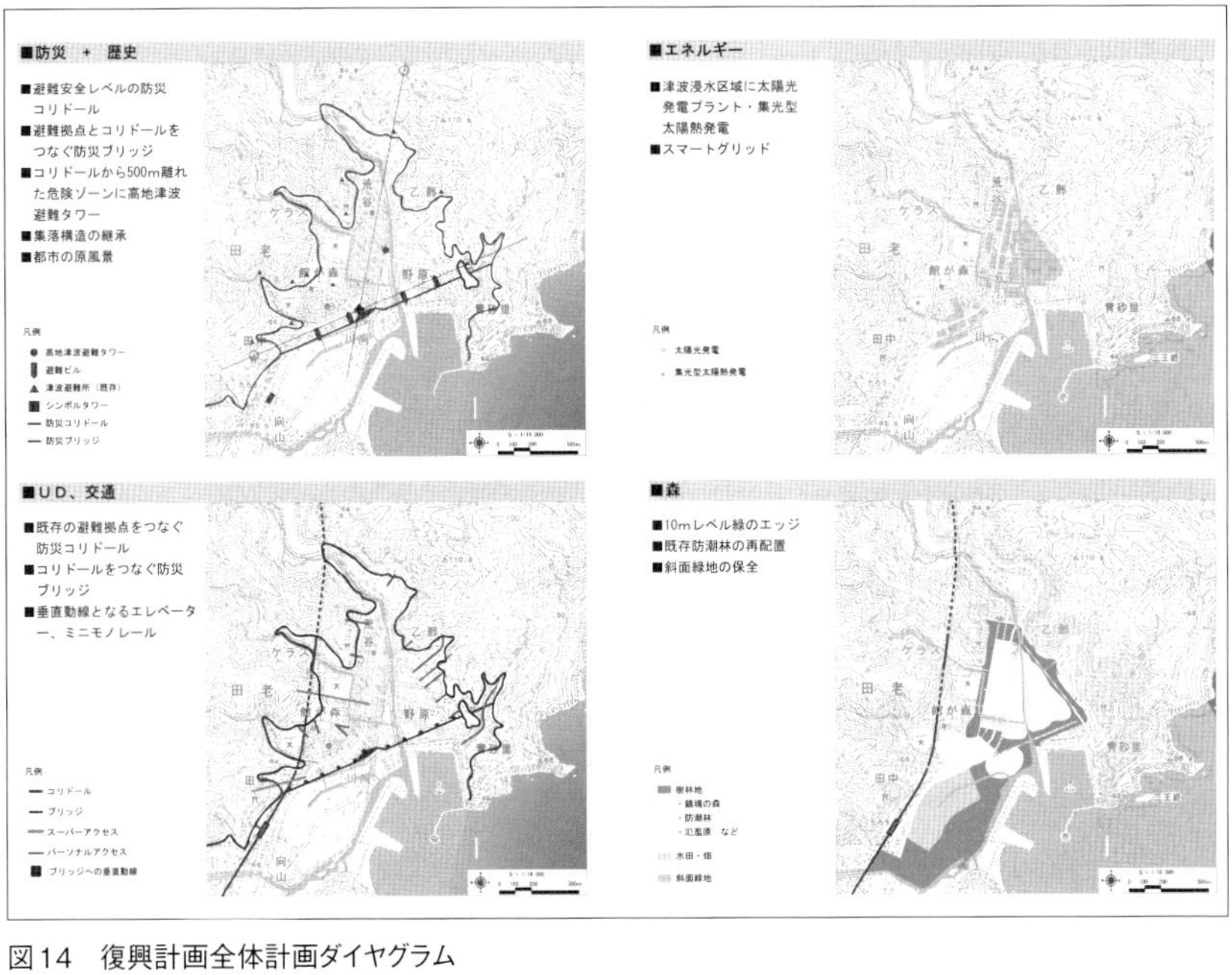

図14　復興計画全体計画ダイヤグラム

図15　復興計画全体計画の3D

斜行エレベーター（長崎市）

斜面移動機器：懸垂式（吊り下げ式）の
ミニモノレール型（長崎市）

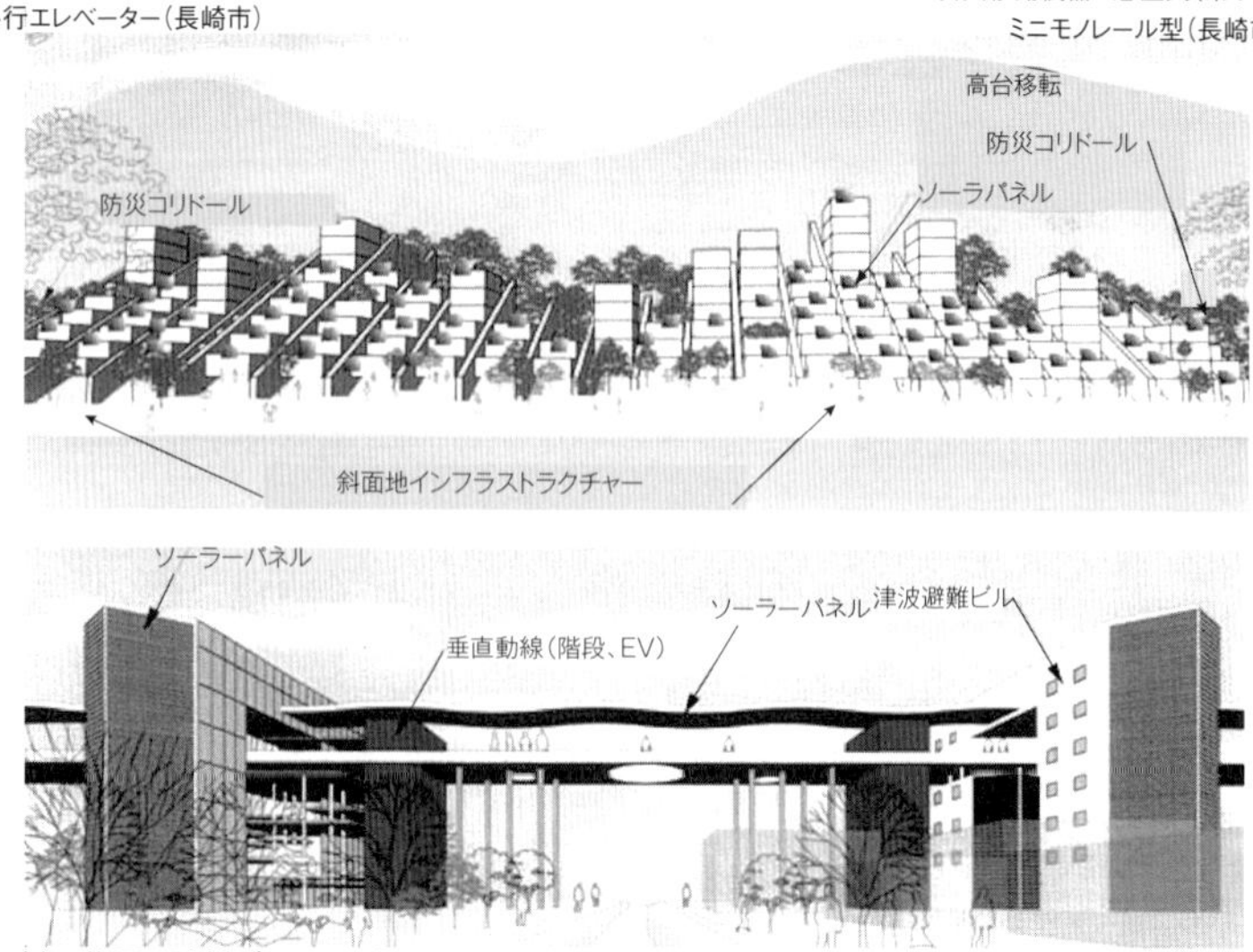

図16　斜面住居と防災ブリッジの空間イメージ

具体的には、三方を山に囲まれた凹地形を利用して、安全避難レベルを標高二十ｍに強固な「防災ブリッジ」を湾口の両端部の丘陵地につなぐように設けます。さらに同一レベルで丘陵地の等高線を利用した回廊状の「防災コリドール」で、避難路を形成し被災地域全体を囲むように連続的に配置します。これによって湾口側のブリッジからは二方向避難が可能となり、越波を避けての緊急時の避難行動の選択が可能となります。さらにこれらの防災ツールに併設する階段、エレベーター、さらには「避難ビル」などによる「多様な垂直避難」ツールによってこの安全レベルへの移動、避難が可能となります。まちのどこからでも五百ｍ、ほぼ五分でこの空中の安全レベルに逃げきれる計画となります。

漁港に近い湾口に設けたこの「防災ブリッジ」は、漁業従事者の安全性を確保するだけでなく、漁業に関連した基幹産業の継続、発展をバックアップし、さらに住居・商業、公共施設との連続性のなかに設置することで防災ツールが有機的に機能して五百ｍでの「避難ネットワーク化」を計るものです。

一方、これらのブリッジ、コリドールは、車の通らないインフラでもあり、平常時のユニバーサルな生活動線を兼ねるとともに、海辺の高いレベルの視点場として海を眺める眺望レベルともなり観光スポットとして、さらには緊急時には津波の監視所としても機能します。このために防災ブリッジは平常時でも交通弱者に配慮したエレベーターによる垂直動線に加え、「斜面住居」と一体となった階段・スロープ・斜行エレベーター・簡易モノレールなどの「多様な斜行インフラ」が丘側に加わって、緊急時の避難と日常生活におけるユニバーサルデザイン対応の回遊路となります（図16）。

「斜面住居」は、国が示した新たなツール、高台移転による「丘の上のニュータウン」に対し、いうなれば「丘の際のニュータウン」を形成するもので、最大のメリットは住居が職場と学校との位置関係が大きく変わらずに、復興の槌音を自身の住まいから五感で感じられる日常生活をイメージしています。

また、この斜面住居は高強度コンクリートの構造によるスケルトンユニットとその内装のインフィルのユニットからなり、十mの現防潮堤を越波した場合は、内装（インフィル）は破壊されることもありますが、被災後の早急な内装の復旧をあらかじめ考えた計画とします。また津波の被害を受けるインフィルの建材は、「瓦礫」となってもその処理に環境的な悪影響の少ない木材や土による自然素材を多用します。

特にブリッジの工事費の試算を防潮堤との比較してみました。その結果、ブリッジが安価となりました。

以上、被災地の地形による地域特性に合わせた新たな防災ツール「防災ブリッジ」「防災コリドール」、さらに高台への集落移転に対しては「斜面住居と斜行インフラ」を提案し、さらに新たな社会システムの構築につながる地域活性化の起爆剤として「太陽エネルギー都市像」を加えました。このエネルギーについては第四章で後述します。

塩竈では、被災後の防潮堤の整備高さの検討のため、観光客が多く集まる松島へアクセスする遊覧船のターミナル前面の防潮堤高さの復興計画案として、余裕高一mを加えた標高四・三mの場合と、余裕高を除いた三・三m、実際の高さ二・七mが現況の防潮堤の前に示されました（図17）。海との視覚的連続性がより強く求められる観光ターミナルでの防潮堤の高さ決定にあたり市民へのアピールとなるものです。過剰な防潮堤に対する市民の不満は各地で高まり、海が見えるよう高い防潮堤に小さな窓を付ける工夫や、さら

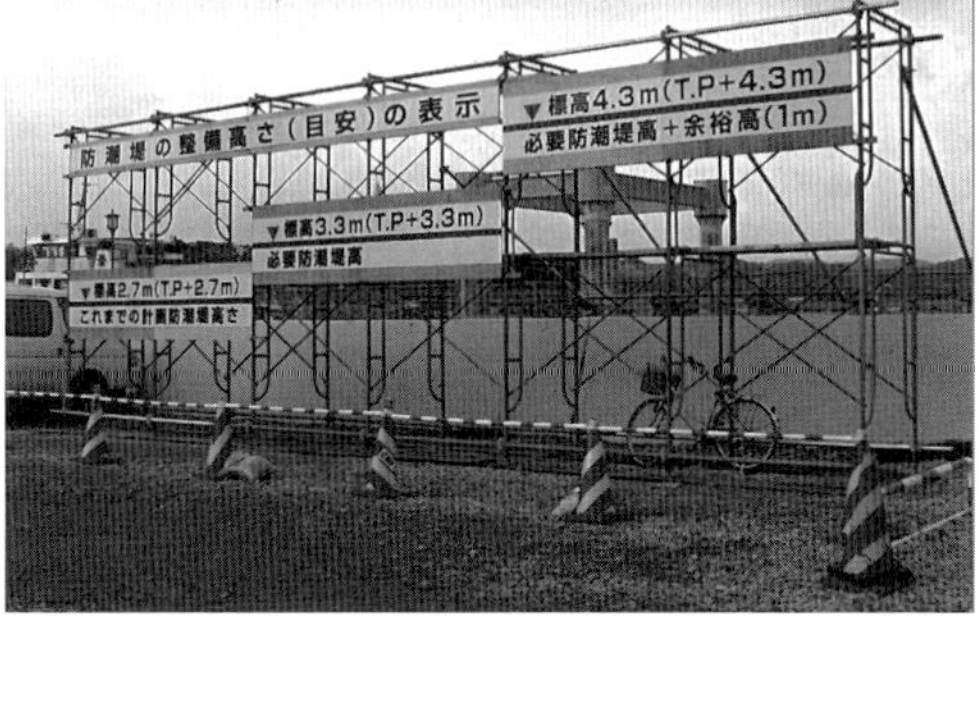

図17　塩竈の防潮堤計画を示す看板

には自己責任を前提に堤防そのものを建設しない計画も進められています。

ここ塩竈では復興会議で示した減災手法となる「二線堤」の考え方で、威圧的な防潮堤の高さを回避して、宮古市田老地区で提案した「防災ブリッジ」とを併設する提案をしました。

気仙沼市魚町・南町内湾地区の復興まちづくりコンペ

防災ツール：「防潮堤の建築空間化」「防潮堤の避難路化」「水門と海へのビスタ」「水上機」と「防災ネットワーク」

震災発生から三百日余り、東日本被災地での本格的な復興まちづくりの一般公募による実施コンペが行われました。これまでの自主的なモデル復興提案とは異なり、立地を限定し、さまざまな条件のもとで最終実施案を決定するものです。これまでの成果の延長線にどのような提案が可能かをこのコンペで示そうと参加しました。

対象地区は、気仙沼市の港街としてのにぎわいの中心であった魚町・南町内湾地区で（図18）、ここには歌手森進一の大ヒット曲「港町ブルース」の碑のある海際に、突如として高さ六・二m防潮堤を設置することが大きな設計条件となります。さらにL1の津波で浸水する土地に住居を設けないことや、かつ賑わいを確保しつつL2の津波での防災対応の提案が求められました。

図18　気仙沼まちづくりコンペ対象水域

審査員は、学識経験者三人に商工会議所会頭、観光協会長、市長の他、半数以上が自治会代表などの市民ら計三十六名となります。審査の結果、第一次審査で応募百案から「全体の提案としてまとまっている作品」五点と「個々のアイデアとして卓越している作品」五点が選ばれ、二〇一二年四月二十九日に十作品の公開プレゼンテーションが行なわれ、最優秀作品以下、佳作が選出されました。私達の提案は、第一次審査で「全体の提案としてまとまっている作品」として三位、第二次審査で佳作となりました。

最終十案には、地元気仙沼港の丘の上に建つリアス・アーク美術館の設計で知られる建築家石山修武氏や坂倉準三建築設計事務所、大手建設会社の設計部などが選ばれました。なお、このリアス・アーク美術館も大きく被災しましたが修復して現在は開館しています。

二次審査には、一次審査用のパネルに加え、まち全体で津波を「かわして逃げ切る」復興計画全体を示した模型とともに、「建築空間化した防潮堤」をわかりやすく示した詳細な模型を作成して臨みました。

当時多くの被災地で行政による復興計画が具体化するなかに、これまで防潮堤のない港街のにぎわいを象徴する海辺空間までもが、六mを超える防潮堤整備計画が進められている状況です。この巨大な防潮堤に対して景観の問題や、整備の長期化に加え様々な問題点が指摘されています。第一に、もっとも懸念されるのが、その土地の自然を象徴する海に面した風水的港街の都市構造が失われること。第二は、巨大なコンクリートの壁で海が立ちふさがれることによる観光産業への影響は大きく、また漁民は海と隔離されて文化や生活の根幹が失われることなどへの懸念です。

図19　気仙沼内湾地区の被災状況

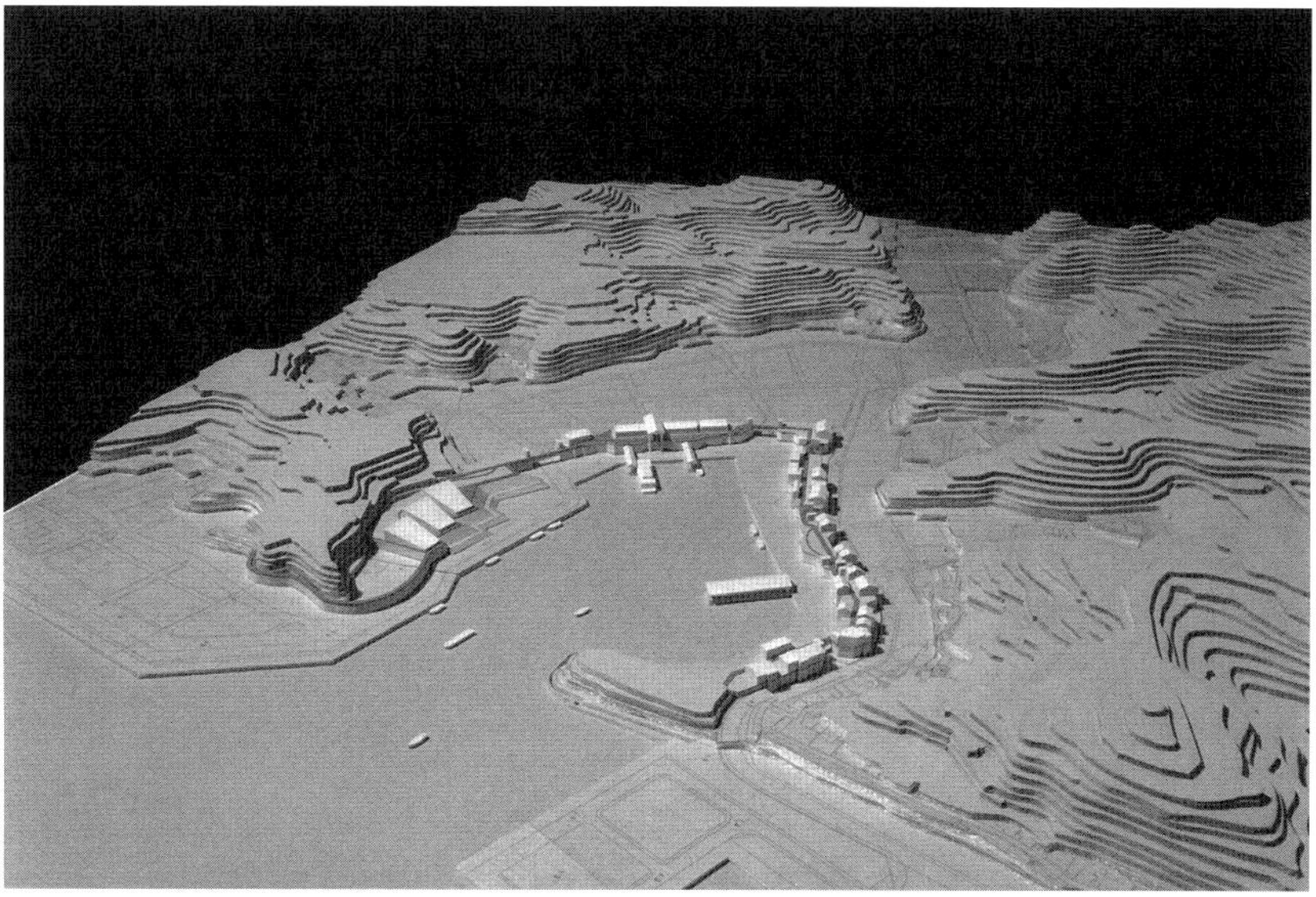

図20　復興計画全体計画模型（上）と水上機が飛来している鳥瞰パース（下）

そこで私達の提案は、与えられた敷地の地形がリアス式海岸の宮古市田老地区と同様、三方を丘に囲まれた凹地形による風水の景観適地で、この丘を第一の風水空間とするならば、第二の風水空間を海際に求められた防潮堤の建築空間化によって創出しようというものです。まちは山々による既存の「自然の風水」と、新たな防潮堤による「にぎわいの風水」の二重の風水を獲得し、これが連続してまち全体を防災避難路による防災コリドールを形成するものです。※

具体的には、にぎわいの海辺に海岸から一ブロックセットバックして防潮堤を建築空間化し、防潮堤によってまちを分断することなく、狭いながらも海辺の「にぎわいの風水空間」を再現し、さらに水産業の活動や気仙沼の独特な親水性を感じられる街並みを安全性と両立するかたちで提案しました。また、市街地とは既存の街路との交点に水門を設け、ここから日常は「海へのビスタ」を市街地から獲得することで防潮堤内外の視覚的連続性を計ります。海の景観をまちから障害物に遮られることなく眺望する「ビュー」に対して、道路の街並を介しての限定された眺望を「ビスタ」といいます。

「防潮堤の建築空間化」という建築と土木の合体・融合化によって、これまで提案してきたツールとしての「防災ブリッジ」の考え方をさらに一歩前に進め、防潮堤の上部の「防災避難路」が「自然の風水」を象徴するまちを大きく包み込む山並みによる安全避難レベルと連結して、どこからでも津波から逃げ切れる、やり過ごせるようまち全体を「防災ネットワーク化」する全体計画となります。

このような人工の防潮堤と自然の地形による防潮堤との連続性で津波を二重に「かわす」とともに、これまでの土木構造物としての実体的な防潮堤を、建築空間化してにぎわ

※提案した内容については、28〜31頁・図12を参照。

いのある海辺空間を形成しようとするものです。

防潮堤によって海辺と市街地は空間的に隔離されますが、前述したように水門を設けることで、これまでどおり海を眺めるビスタ景観を獲得し、さらに水門は緊急時には開閉操作を可視化できるよう重力式の工夫を提案しました。これは被災時、水門の操作によって多くの犠牲者が出したことを考えての提案です。海辺は建築化された防潮堤に囲われますが、防潮堤上部の避難路としての機能に加え、平常時遊歩道としてここからの海の眺望とともにまちを俯瞰できる立体的な視点場ともなります。

防潮堤の建築空間化に際して、海辺側を高強度コンクリートの構造によるスケルトンユニットとし、その内装となるインフィルのユニットは壊滅的に破壊されることを前提としますが、機能的には住居は設けず観光施設が中心となります（図21）。インフィルは、あらかじめ被災後の早急な内装の復旧を考えた構造で、宮古市田老地区の「斜面住居」の構成に近い考え方となります。またこの建材は、田老地区同様瓦礫となっても環境的な悪影響の少ない木材や土による自然素材を多用します。さらに復旧手順としては、防潮堤と建屋の骨格となる高強度コンクリートのスケルトンユニットまでは復興交付金事業で行ないます。

建築空間化された防潮堤は単なる津波防御機能だけでなくその上部を「防災避難路」としても機能し、避難路としての存在を住民や観光客にアピールすることとなり、過去の津波襲来の記憶を日頃から継承することとなります。また防潮堤の六ケ所の水門は、外部エネルギー喪失時にも対応できる「重力式水門」としています。

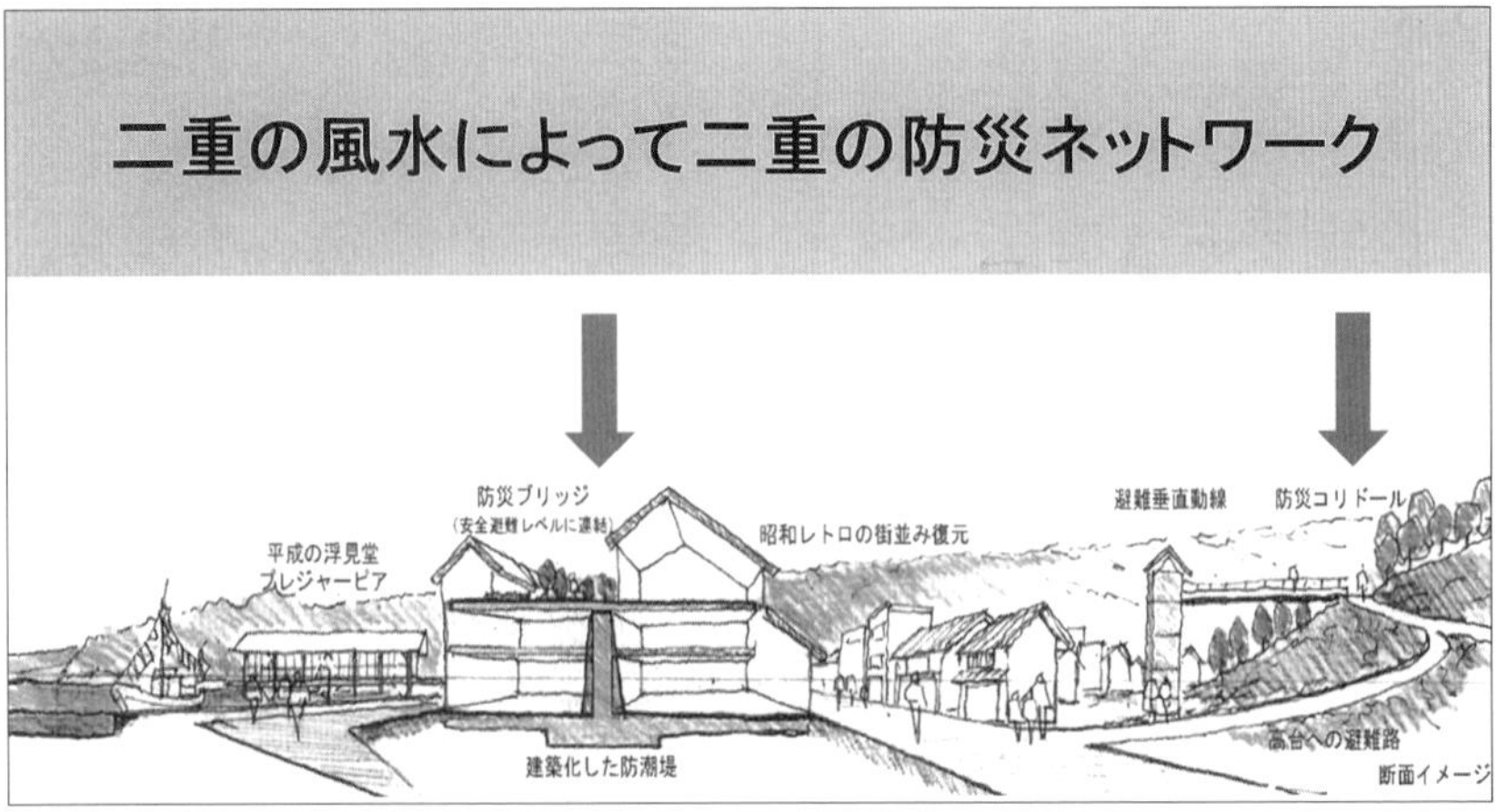

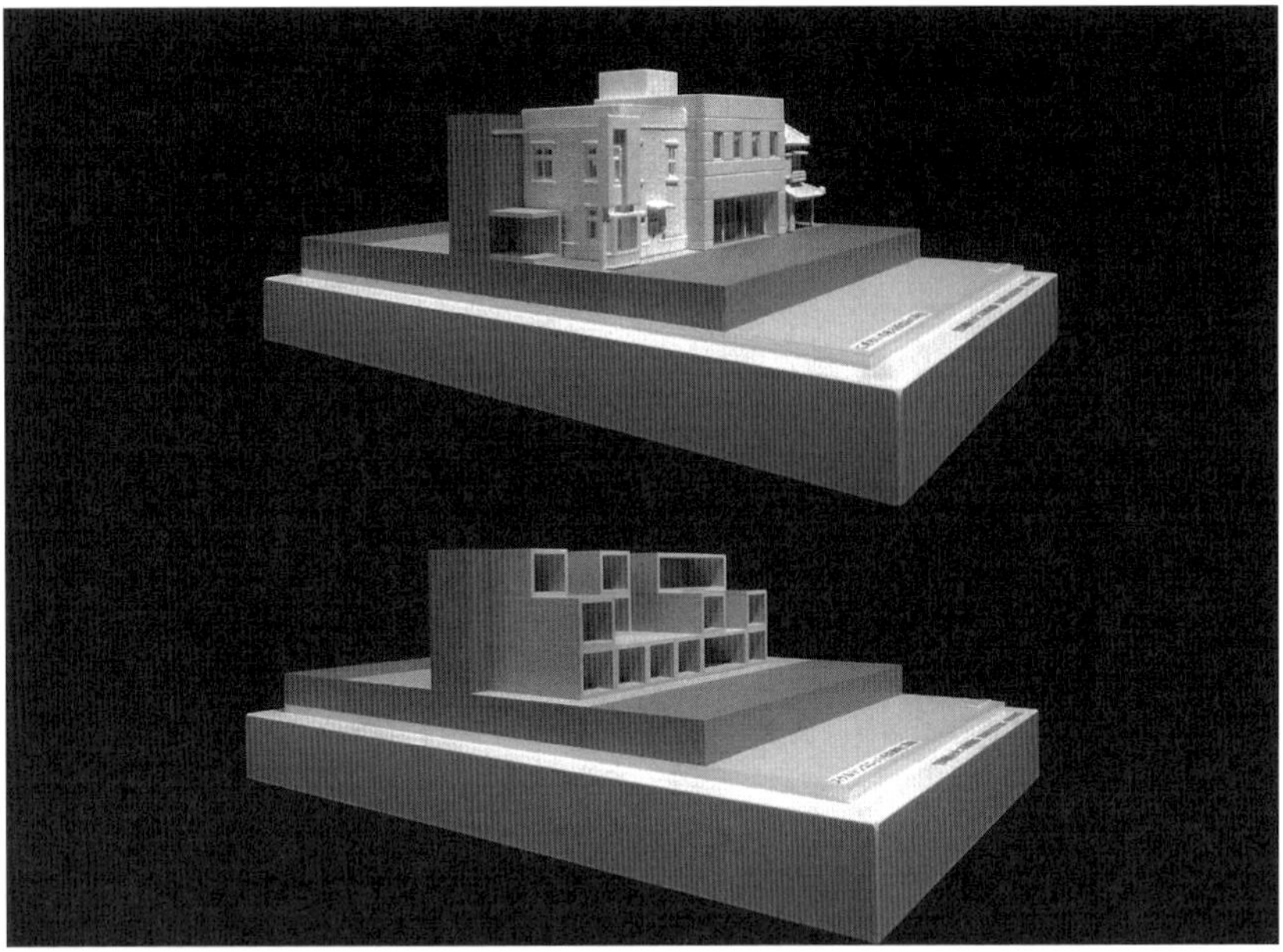

図21　気仙沼　建築空間化した防潮堤のコンセプト図と模型

以上、本提案の特徴を明らかとするために、提出された全作品図面、説明文を子細に分析することで上位十案の評価を独自に試みてみました（表1）。評価のポイントを「防災」と早期復興につながる「事業性」の視点から比較してみたいと思います。「防災」については、L1、L2の津波への対応の視点から、そして「事業性」は国の復興交付金との関連の実現性から試みました。

防災の視点では、求められたL1の防潮堤に対して本案を含む三案以外が防潮堤に代わってマウント化したり巨大な建築や土木施設化による「人工地盤」や「市街地のピロティ」によってL1、2双方にも対応する提案でした。私達の提案のみが、L1の津波に対しては建築空間化された防潮堤で、これが自然の地形とつながる最小限の防潮堤による提案です。驚くべきことに防潮堤的な施設がない提案が二案もありました。その一つは、最終一位となった案で、海上に直立浮上式防波堤を設けるもので、その後この一位案は現実的でないとの理由で国、県の指導で実施案から外されました。

事業性の視点では、本案は国の復興交付金によって早期に防潮堤を建設することを前提としていますが、他案では、前述したような「人工地盤化」「市街地のピロティ」など、復興交付金の手続きに対して煩雑な申請が予想されます。さらに、これらの高額な建設費の出資者が公共なのか民間なのか不明な点が多く残りました。本案は大規模な土木・建築対応に頼らないことが早期の事業の実現化につながるという考え方で、L1の津波には防潮堤の建築化という現実的な対応で建設費を少なくし、二重の「逃げきる」避難ネットワークによって、求められたL1、2の津波に対して「防潮堤の建築空間化」とこれに連続する避難路で「自然の丘陵地」につながる提案となります。

表1　気仙沼コンペ上位10案の比較表

チーム	レベル1(1回／100年)					レベル2(1回／1000年)	事業計画		評価
	防潮堤の有無	防潮堤形態	水門提案	レベル1対応	レベル1での浸水	レベル2対応	レベル1・2での建築・居住形態の制限	防災の国の交付金枠組み範囲	
A案	無	海上可動式防波堤	—	直立浮上式防波堤(海上)	無	高層化・居住制限・避難路	有	×	
B案	無	海上可動式防波堤	—	フラップゲート式可動防波堤(海上)	無	避難拠点建築	有	×	
提案	有	通常	重力可動式	建築化防潮堤(天端は避難通路)	無(一部有)	既存の避難ルートの充実(高台避難インフラ設置)	無	○	レベル1では国の枠組み内の防潮堤建設で防御。レベル2では既存避難の充実で減災。居住建築の制限人工地盤化・(高層化・ピロティ化等)を課さない。低コスト・早期復興に繋がる。
C案	有	通常	無	津波防護建築帯	無(一部有)	斜面地避難ビル	有	○	
D案	有	通常	無	防潮堤+嵩上げ	無	住居のレベル規制	有	○	
E案	有	マウント型	無	マウント防潮堤・建築ピロティ化	無	—	有	△	
F案	有	マウント型	無	丘陵地公園防潮堤	無	建築ピロティ化	有	△	
G案	無		—	人工地盤	有	高層化・ピロティ駐車場	有	△	
H案	無		—	人工地盤	無	高台避難	有	△	
I案	無		—	防潮建築(高層化・ピロティ化・ブリッジ化)	有	—	有	△	

【交付金枠組み範囲凡例】○：範囲内　×：範囲外　△：不明(行政判断による)

また審査会では実行可能性を疑うような利益誘導的提案、具体的には大量販店の経営者までがプレゼンテーションに登壇しての市民へのアピールや、紹介したような可動式の超ハイテク技術などとともに過大な期待を多くの市民に抱かせるような提案が多数示されました。

以上、巨大な防災的施設対応や可動式防波堤に象徴される提案が多かった理由は、求められたL2の津波への対応をより重視したためと考えられます。審査員、特に学識経験者にその傾向が強かったと感じました。入選した十案中、本提案のみが建築と土木の融合による唯一津波を「かわす」対応でもっとも実現性を考慮した提案と考えます。復興会議のメンバーの一人赤坂憲雄氏が東北の被災地へのに過大な復興投資に疑問を投げかけていましたが、この指摘につながるような巨大施設の提案や利益誘導的な提案が投票によって高く評価されたこととなります。

審査員の一人、津波工学の第一人者、東北大学の今村文彦教授からは審査会で私達の提案にコメントをいただきました。厳島から学んだ津波を「かわす」方法の評価を頂くとともに、提案した防潮堤に組み込まれたスケルトンユニットの形状構成を提案のようにランダムな構成ではなく、単一として津波の襲来で偏った外力の集中を避けた方が好ましいとの極めて具体的な指導でした。

また、会場には教え子がたくさん参加していて不思議でしたが、冒頭で紹介しました故小林美夫の教えから多くの卒業生が今回のコンペに参加し、惜しくも最終十案には選ばれなかったものの審査会に参加したとのことでした。特に地元仙台には大手設計事務所や大手建設会社設計部の支店があり、地元マスコミの情報で教え子が多く参加したことを後で知りました。実施案とはなりませんでしたが、多くの教え子らとの再会が最大の成果と感じました。

なお、審査委員長は都市工学が専門で前日本学術会議会長の大西隆氏です。

また、宮古市田老地区同様、新たな社会システム構築につながる具体的な視点による水上機導入の提案について紹介します。提出したパネルのパースには気仙沼の港街の上空を飛来するＵＳ２機を民間旅客機に改造した水上機として大きく描き入れました。

一九九六年に国土交通省の東北整備局主催の運河シンポジウムが石巻で開催され、既述の『運河再興の計画』を出版したことがきっかけとなり、これをテキストとして建築家の隈研吾さんとともにパネラーとして招かれました。この著書の共同執筆者は前述しましたように河川工学の高橋裕と環境的舗装技術の発明で知られていた故三浦裕二です。ここ石巻には歴史的運河遺産、貞山運河や歴史的な閘門が残されており、今回の大震災でもこれらの遺産が大きな被害を受けました。シンポジウムの後、隈さんは北上川・運河交流館をここ北上川の堤防のなかに設計しました（図22）。川沿いの美しい自然環境を建築によって破壊するのではなくむしろ修景を試みた、いわば建築と土木の融合の成果がデザインに活かされた作品でした。今回３・11で堤防天端レベルの大きな開口部がもろに津波被害を受けることとなり現在閉館中です。このままの改修でＬ１の津波には対応が可能ですが、Ｌ２の津波をどうするかの問題が残ります。

シンポジウム翌日、主催者側からどこか希望の視察先があればということで、はじめて

図22　北上川の土手に立地する北上川運河交流館（設計：隈研吾）

の気仙沼に同行していただきました。鉄道でののんびり旅をイメージしておりましたが、運行本数が少なく結果的にタクシーでの気仙沼訪問となりました。まさに高速交通格差どころか日常的な交通格差地域であることをこの時以来感じています。この体験が水上機の気仙沼への導入の原点となったわけです。このシンポジウムでは、高速の水上機に対して低速の交通モーダルとして水の道、運河によるアクティビティを提案しましたが、都市や地域の魅力のバロメーターとして多様な交通モーダルの存在をあげることができます。復興地においても「鉄の道」「水の道」に「空の道」が加わることをイメージしての本コンペの提案となります。

千葉県旭市復興まちづくりコンペ

防災ツール：「防災輪中」

東日本大震災における被災地について、地形の関係からリアス式の地形の湾口都市と浜辺都市という二つのパターンに大きく分類することができます。千葉県旭市いいおか地区は浜辺都市としての特徴を有し、避難すべき自然の山や丘が近くにありません。すでに提案した宮城県名取市荒浜地区や南海トラフ地震で高い津波の襲来が予測されている高知竜馬空港周辺の高知県南国市などと同様な地形となります。復興支援一年目で、浜辺都市を代表する宮城県名取市荒浜地区での提案ではネットワーク化そのものに重点をおき、浜辺の平地での新たな防災ツールの空間的提案までできませんでしたが、その思いをこのアイデアコンペで示すことができました。

このアイデアコンペは、気仙沼の実施コンペと違い、一等案といえども実施を前提としないコンペティションです。

私達は、防災実験都市として小さな都市にたとえられる、津波を防災的にも、計画的にも自己完結して「かわして逃げ切る」機能を有する「観光・防災コミュニティ」を浜辺の平地に提案しました。具体的には、岩手県宮古市田老地区で提案した「防災ブリッジ」を安全避難レベルとしての十五ｍの高さで囲った輪中式の防潮堤による防災拠点で、浜辺地区の地形的特徴となる平地に応用したものとなります。閉鎖型となるこの防潮堤を貫通する現状道路との交差点には、気仙沼コンペで提案した重力式の水門によって多くの消防団が犠牲になったこれまでの方式を改め、気仙沼同様に防災都市としての安全性を確保します。またこの防災輪中におけるコミュニティ施設としては学校、役所の窓口、観光施設など多様な施設を内包し、全体が防災体験都市の機能を有した新たな体験型観光拠点ともなります。

敷地は、海辺のサーフィンのメッカで、この「防災輪中」と海上に提案した「プレジャーピア」とを安全レベルで結んで観光拠点のにぎわいを安全の中に演出します。このプレジャーピアとは埠頭ことで、船舶が係留しない観光用の桟橋となります。

本提案はＬ１の津波に対しては、輪中を自由曲線形に構成した「防災ブリッジ」と「プレジャーピア」を堅固な構造とし、特に浜辺の景観的配慮から輪中は緑で被う緑の丘を形成します。この緑の丘は、津波で破壊されることを前提としますが、輪中の天端は堅

図23　旭市いいおかコンペで提案敷地とした九十九里浜に隣接した旧飯岡荘近辺と防潮堤

固なコンクリート構造となります。またL２の津波にはブリッジ以上の高さに合築した施設としての学校などが「避難ビル」として機能し、防災ブリッジから上層階へ避難するものです。

被災地や南海トラフの関係から各地で建設が進められている安易な「防災タワー」への疑問を感じ、このコンペの提案では生活のコミュニティのなかに避難対応ができる拠点を提案したものです。生活とかかわり合いが薄い防災ツールは年月とともに、その存在さえ忘れ去られ、緊急時に防災施設として機能しないことが予測できます。日常生活空間のなかでの間近な避難施設であることは極めて重要だと考えます。

高知県防災都市構想

港湾都市の防災ツール：「防災ブリッジ」「防災コリドール」「斜面住居」と「防災ネットワーク」

浜辺都市の防災ツール：「防災輪中」と「防災ネットワーク」

３・11の翌年、二〇一二年三月二一日、内閣府の防災の検討

図24　「防災輪中」（左）と「プレジャーピア」（右海上）全体模型

会は「南海トラフの巨大地震」について、震度七が予測される地域の面積は従来の二〇倍、最大津波高は従来想定の二～三倍で、高知県黒潮町では三十四・四ｍをはじめ十一都府県市町村で十ｍ以上となることを公表しました。この想定高は、もはや施設によって津波を「抑え込む」ことが不可能な値となります。そこで、これまでの復興計画での提案同様に「かわして逃げ切る」方法による防災計画を高知県の諸都市・地域別にまとめました。３・11から五百日たって南海トラフ対応によって被災地ではない地域に活動が拡大しました。まとまれば日本中の至るところで予測される防災、復興対応いずれにも応用できるものと考えます。

国土強靭化基本法制定のきっかけとなった南海トラフ対応は、これまでの災害対応に比べ長期的なプログラムのまちづくりの中に展開できる画期的な遺産となりうるものと考えます。

まず、高知市の防災計画を提示し、引き続き南国市・須崎市・中土佐市・四万十市・土佐清水市・宿毛市の現地調査を行ないました。その後、八月に高知県危機防災課にこれらの各都市と、その後黒潮町佐賀地区を加えて八都市を含む九地域について防災計画を提出しました。やはり短時間で多くの都市に対して提案できたのは、立地する地形との関係から構築した「防災ツール」があったことによります。高知県で示した提案は、被災地での地形を凸凹地形、斜面地形と浜辺の平地地形を単位として、これらの組み合わせによる複合地形の五つの都市モデルにまとめました。この都市モデル別での凹地形の都市には「防災ブリッジ」、「防災コリドール」による五百ｍ避難の「防災ネットワーク」を、さらに斜面地形では「斜面住居と斜行インフラ」を、また浜辺都市型での分類となる高知竜馬空港の立地する南国市では新たな防災ツールとして避難コミュニティを「防災輪中」を、複合的地形によるカテゴリーを加えて提案しました。

南海トラフの危険性が示されて以降、高知県南国市をはじめ多くの市町村で既述のように「防災タワー」が対処療法的に多く計画されましたが、ブームが去って人々が災害を忘れた頃、その存在さえ認識できないような施設となりかねません。その後廃墟化する恐れさえあります。県の担当者が求めている「普段使いの避難施設」の具体化が強く求められるなか、この浜辺地区では防潮堤で囲まれた日常使いの施設の集合体としての「防災コミュニティ」を防災ツール「防災輪中」として高知県の各都市に提案しました。

これまでの津波を「かわす」計画理念を、厳島や桂離宮などの日本を代表する名建築の分析から学びましたが、ここで取り上げた「輪中」のほかに「水屋」「水塚」「命山」などは津波や洪水などによる浸水からの被害を逃れるために拠点的に人工の台地、高地や囲いを形成して洪水を「かわす」歴史的遺構が全国的に分布しています。これらの歴史遺産に学んだ防災拠点を、現代的な構造によって安全避難レベルを獲得し、周辺の環境にあわせた緑の堤防によって田園的景観の中に輪中を形成しようとしたものです。

第四章

第二の挑戦
再生エネルギー

4

3・11の福島第一原発事故で直接放射線で被災した地域に対して、私達は、新たな社会システムの構築に何ができるかを考えましたが、国は原発継続の方針を変えず、再生エネルギー、特に太陽光エネルギーに対して安定供給の低さを理由に、過剰な批判が被災直後なされました。原子力発電と自然エネルギーの対峙のなか、再生エネルギーについての本質的な議論が置き去りにされている状況でした。

海外特にヨーロッパ、EUを中心に再生エネルギーに対する意識が高いばかりではなく、革新的な技術の集積が進み、特に「質」としての技術にとどまらずデザインにも多くの見習うべき建築作品が多数存在します。原発事故による被災の危機を好機とすべく、福島の復興において再生エネルギーのうち、特に太陽エネルギーとの関連のなかに未来を見据えたまちづくりや建築への展開によって、日本の新たな社会システム構築のモデルとなればと強く思います。

ヨーロッパにおける太陽エネルギーの技術は、特に住宅の質的向上に直結する一方で、わが国では吉田兼好の住まい観、つまり夏を重視するという認識が、この技術向上の阻害の要因となったといわれてきました。これは、エネルギーの有効活用のため、住宅の気密性、断熱性の確保を求められることが、開放的な日本の住宅観と一線を画すこととなるからです。住宅の気密性、断熱性を高めるとともにエネルギー消費を抑え、足りない分を再生エネルギーで補うという、住宅がエネルギーを自給できる新しい建築タイプとしてのゼロエネルギー住宅（ZEH）※やゼロエネルギー建築（ZEB）へ向けての転回期といえます。しかしながら、被災直後の再生エネルギーの提案は、原発推進政策に対する強い批判的活動とも見なされるなか、私達がはばかりを感じながら最初に取り組んだのは、宮古市

※ZEH（Zero Energy Housing）「ゼッチ」と呼ぶ。

田老地区における防災都市的視点を含んだ太陽エネルギー都市の提案です。

宮古市田老地区の太陽エネルギー都市

3・11の震災を契機にクリーン・エネルギー、スマート・シティへの本格的な活動が始まりつつあります。その先には建築に限らず土木構造物や都市施設もこれまでのエネルギー消費型施設から、自らがエネルギーを生産・自給を前提とした建築、都市さらには国土像が求められています。このような日本のエネルギーのあり方を象徴する都市モデルを被災地宮古市田老地区に提案し、資源・エネルギーの大量消費を前提とした都市に代わる、新たなエネルギー創出社会を目指した都市モデル像をここ被災地の復興のなかに示したいと考えました。

宮古市田老地区を再生エネルギーによって新産業モデル都市と位置づけ、津波による防潮堤決壊によるインフラの復旧・復興までの間、津波浸水地に太陽エネルギー発電所を設置し、新たなエネルギー産業誘致を想定して再生エネルギーを積極的に導入したスマート・シティを目指しました。

地球の表面が一時間に受ける太陽光エネルギーは、人類の年間エネルギー消費量に相当するほどといわれ、量的には無尽蔵といえます。しかし、エネルギー密度が低いため、これをエネルギーとして有効利用するためには膨大

図1　宮古市田老地区の太陽エネルギー都市3D。浸水地に設置した太陽光パネル（右）と太陽熱発電所（左）

な受照面積が必要となります。地球規模での年間平均日射強度を比較してみると、アメリカ南西部、中東、アフリカ、オーストラリア、インド、メキシコ等が年間で二〇〇〇～二五〇〇ｋＷｈ／㎡に対し、日本では一〇〇〇～一五〇〇ｋＷｈ／㎡と約半分の値となり、日射強度的に劣る地域といえます。日本の被災地、仙台での年間日射強度では一二三〇ｋＷｈ／㎡で太陽光エネルギーの計画地としては決して恵まれた地域とはいえません。その中でも、宮古市田老地区が立地する三陸地方沿岸部は、日射量が周辺地域より高いゾーンで南房総、南伊豆と同等の値となる地域です。そこで東北地域の中で、年間日射量が高い三陸地方の利点を活かして、計画地宮古市田老地区での多様な太陽エネルギーによるまちづくりの可能性を試みました。

宮古市田老地区における津波の浸水地は約三十六haで、このエリアに太陽光発電導入効果を当時完成した中部電力いいだ発電所を例に試算しました。この結果、年間発電電力量は二〇メガ（ＭＷ）で、この値は田老地区住戸数一五〇〇戸の約四倍の発電量と試算されました。この浸水地は新たな防災施設ができるまで、住宅を建設することが制限されているエリアとなります。

さらに太陽光だけではなく、太陽熱による導入効果についても検討を加えました。こちらはスペインのプラントＰＳ10のタワー集光型太陽熱発電所を参考に、年間発電電力量六二六万ｋＷｈ／年となり、太陽光発電の約１／３の試算となりました。わが国でのタワー集光型太陽熱発電所は、一九八一年に工業技術院のサンシャイン計画の実証施設として香川県仁尾町に建設され、一〇〇〇ｋＷｈ／年の太陽熱プラント以降の実施例はあり

図63　宮古市田老地区に寄贈した太陽エネルギー街路灯

ませんでした。これは世界のサンベルト地帯と比べて約半分の日射量と少ないためで、わが国では事業採算に乗らないことや反射鏡の汚れによるメンテナンスの手間がかかることなどがその原因といわれています。しかし、今後のわが国における新産業モデル都市との視点から、ここ田老地区での実験的な、また社会教育的な視点から提案し、その中心となるソーラー・タワーを復興のモニュメントと考えました。

その後、日本では震災後五年目、この太陽熱発電による三〇〇ｋＷｈ／年の実証設備が遅らばせながら環境省の委託で横浜に建設されました。さらに地球温暖化阻止のためのＣＯＰ21を批准して、日本ではなく他の参加国における日射量の高い小資源国への太陽熱ビジネスが日本でも本格化しそうな勢いです。さらに、太陽熱によるこのタワー式より進化した集中型の効率の高い方式など世界レベルで展開しています。

一方、わが国特有なこととして太陽光パネル設置には、特に津波や高潮、洪水などでの浸水との関係で未知の問題も多くあります。例えば、太陽光パネルが浸水した場合、通電、漏電が懸念されます。そこで宮古市田老地区に提案した太陽光パネルは沿岸域での浮き筏を用いた養殖筏を参考に、発砲スチロールによってパネルを構造体ごと浸水時に浮かせ、さらにこの構造体をアンカーによって係留して移動を拘束する対応を提案しています。

３・11以降海水面ではありませんが、既存の貯水池などの水面を利用した太陽光パネルの設置が全国で行われています。千葉県の一六メガ（ＭＷ）の水上発電所は、太陽光を阻害する樹木などがまったくない広い水面の利点を活かして太陽光パネルを設置したものです。太陽光パネルは日照条件の良い場所の設置が求められますが、パネルの一部に陰がかかると逆電圧が発生し、電力消費が行われ高温状態となり、これが火災の原因となります。さらに今回のように津波で被災して建物が破壊しても、設置された太陽光パネルに陽が当たる限りパネルは発電し続け、これが感電、火災へとつながる危険性が指摘されています。

このような技術的問題については既述した被災後の出版となる『ＢＩＰＶって何？太陽エネルギーを纏う建物』に詳しく取り上げています。

福島県富岡町復興まちづくり

津波で破壊された富岡町の富岡駅をより安全となる山側に路線変更して、新富岡駅を中心に町立の震災記念館、慰霊碑などの建設予定地となる巨大防潮堤と海岸防災林に囲まれたなかに一体的に提案しました。

福島第一、二原発に挟まれたここ富岡町は、第一原発と隣接し、北から帰還困難区域（立ち入り禁止地区）、居住制限区域（夜間立ち入り禁止地区）、南の避難指示解除準備区域（居住準備地区）にゾーニングされています。この避難指示解除準備区域に、富岡町が進めている復興住宅団地とともに、津波で壊滅的な被害を受けた新富岡駅を中心としたエリアの震災メモリアル施設のデザインイメージを「福島県富岡町の復興計画デザインイメージ」として作成しました。

このメモリアル施設の敷地は、スーパー堤防とさらに海岸側のコンクリート防潮堤による二線堤に囲まれて津波の襲来した海が見えない立地となります。特に、慰霊のための祈

図３　再生エネルギーフェア（REIF）ふくしま2013での講演

りの空間から海の見えない多くの被災地で進められている計画を象徴している立地ともいえます。

提案のきっかけについては、すでに述べましたが、福島県が立案した「福島県再生エネルギー先駆けの地アクションプラン」の一環として二〇一二年一一月郡山で開催した再生エネルギーフェアに太陽エネルギーデザイン研究会が出展し、ここに放射汚染地区の富岡町の一般市民からの相談によって、当時夜間立ち入り禁止地区となる富岡町の居住制限区域の四〇haの農地に十人ほどの地権者が共同で三五メガソーラー発電所を計画していて、その技術協力の依頼を受けての支援活動となります。

この協力要請に対し、私達は、被災地の復興施設に再生エネルギーを象徴するデザイン性の高い建築やまちの提案によって、エネルギーを自らつくり出す新たな社会システムのデザインモデルを象徴する支援につなげたいと皆様にお話してきました（図3）。

その後、町からのアドバイスもあって、前述した津波で破壊された駅を中心としたメモリアル施設の空間イメージを作成しました。当時パブリックコメント中での復興計画の中にメモリアル施設で再生エネルギーによるデザインを示しました。さらに、居住準備地区に行政が進めている復興住宅団地の構想にも、同様にデザインをまとめました。

タイミングよく3・11以降、再生可能エネルギー法による国の買取制度がスタートしましたが、九州電力が突然の買い取りを保留するなど、日本のエネルギー政策の脆弱さが露呈し、この法律の制度設計の失敗との見方もありました。このブーム的なメガソーラー発電に象徴される「量」による事業性偏重から、研究会設立の目標でもある「質」としてのデザイン性、さらには昨今問題となり始めた太陽光パネルの技術という「量」から「質」

図4　JR富岡駅（左）と駅前（右）の被災状況

図５　富岡町の民間によるメガソーラー計画敷地。原発稼働中には、この送電線（右）により、福島第一原発から東京エリアへ電力が送られていた

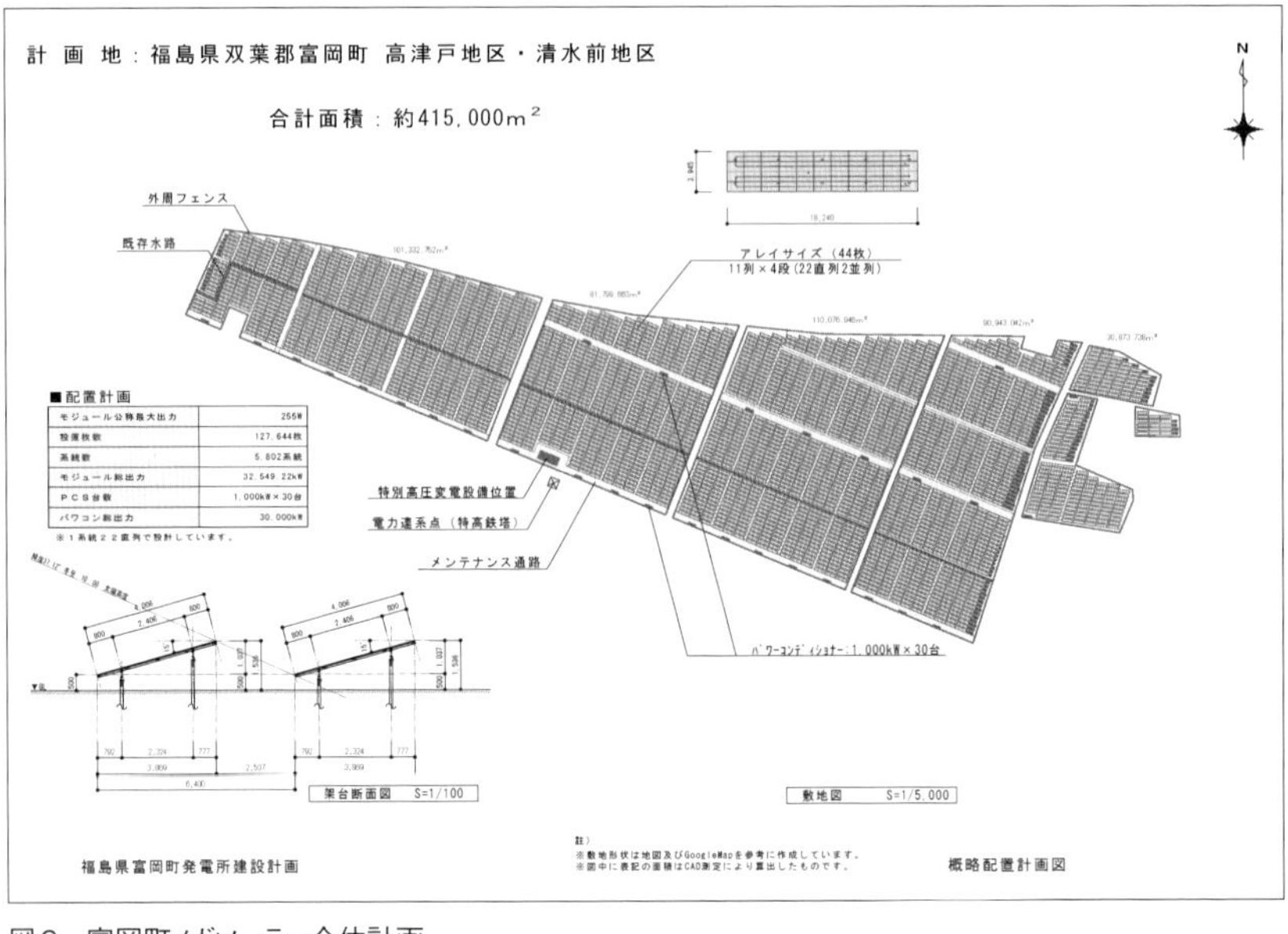

図６　富岡町メガソーラー全体計画

への向上が拡大と普及とともに強く求められています。

そこで福島県富岡町では、特にこの「デザイン性」の視点から海外の事例分析を踏まえて、今後の太陽エネルギー施設のあるべきデザインの方向性を示せたらと考えました。

新富岡駅　福島第一原発に隣接するこの新駅は、今後長期にわたって常磐線の上りの終着駅となると当時予測しました。そこで、駅が被災者と支援者として訪れた人々との「交流の駅」をイメージして、ヨーロッパの終着駅のような出会いと別れを象徴する木造の大屋根空間で構成し、ここに太陽光パネル一体型による駅空間を提案しました（図8、11）。一時的な終着駅として第一原発にもっとも近く、内外の乗降客をやさしく向かい入れるそんな思いによるものです。この「一体型」パネルとは、既存の屋根にパネルを設置する方法ではなく、屋根や開口部を一体的に作成してデザイン性を高めるより進化した建築型といえます。出版した『ＢＩＰＶって何？　太陽エネルギーを纏う建築』のＢＩＰＶ※は建材一体型太陽光発電のことを意味し、ＰＶは太陽光発電の意味で専門的に使われています。

常磐線はその後、二〇二〇年の全線開通を目指して福島第一原発までの下り終着駅として竜田駅が決まりました。より原発に近い富岡駅は、大きな津波とともに厳しい放射線被害を二重に受けたことによるものです。

二〇一七年七月遠藤陽子さんらが進めている富岡さくらソーラー発電所建設工事現場の視察にあわせて現在工事中の新富岡駅を見学しました。駅の立地は結果的にほとんど変えることなく新駅が建設中で、残念ながら再生エネルギーを象徴するデザインではありませ

図7　富岡町さくらソーラー発電所建設工事現場

※ＢＩＰＶ
建材一体型太陽光発電（Building Integrated Photovoltaics）。

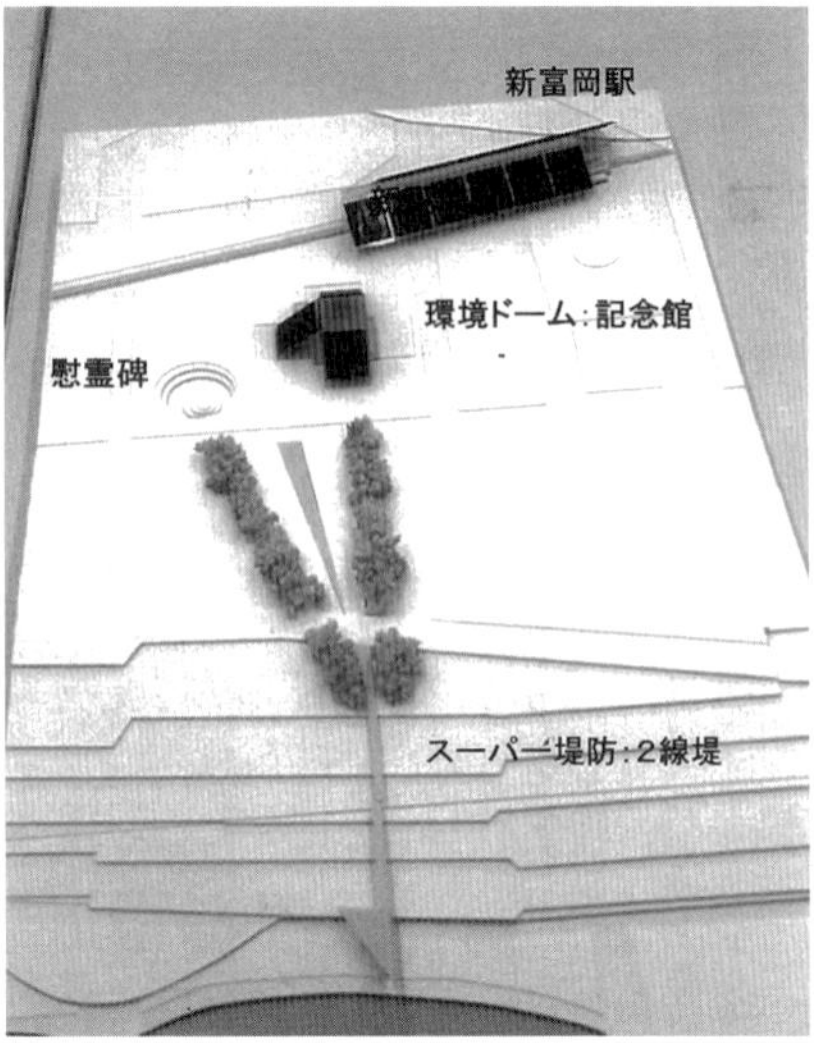

図8　富岡町復興まちづくり全体計画図
自然遊歩道および広場を併設した海岸防災林との一体的計画

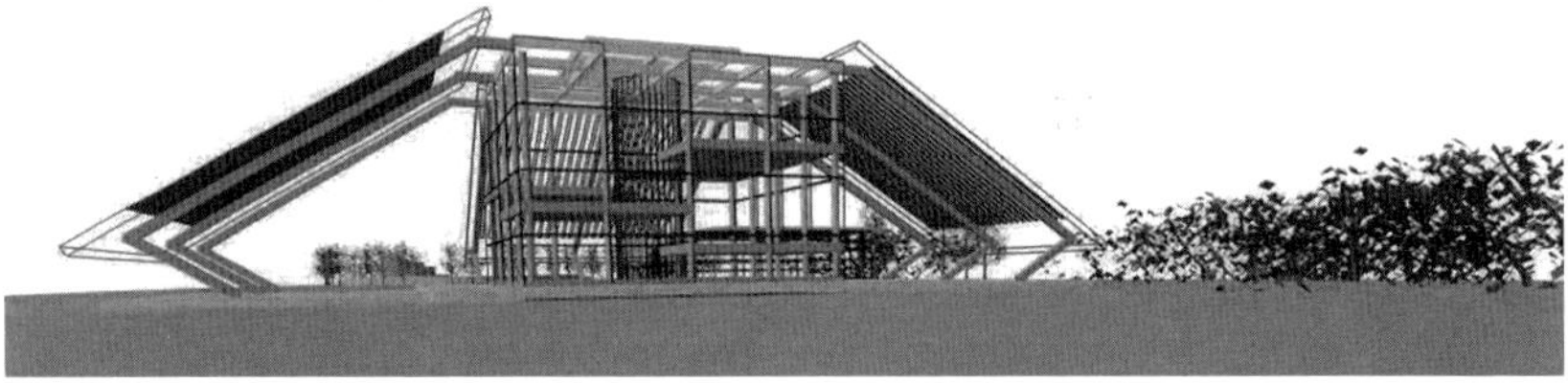

図9　富岡町復興記念館「環境ドーム」の3D

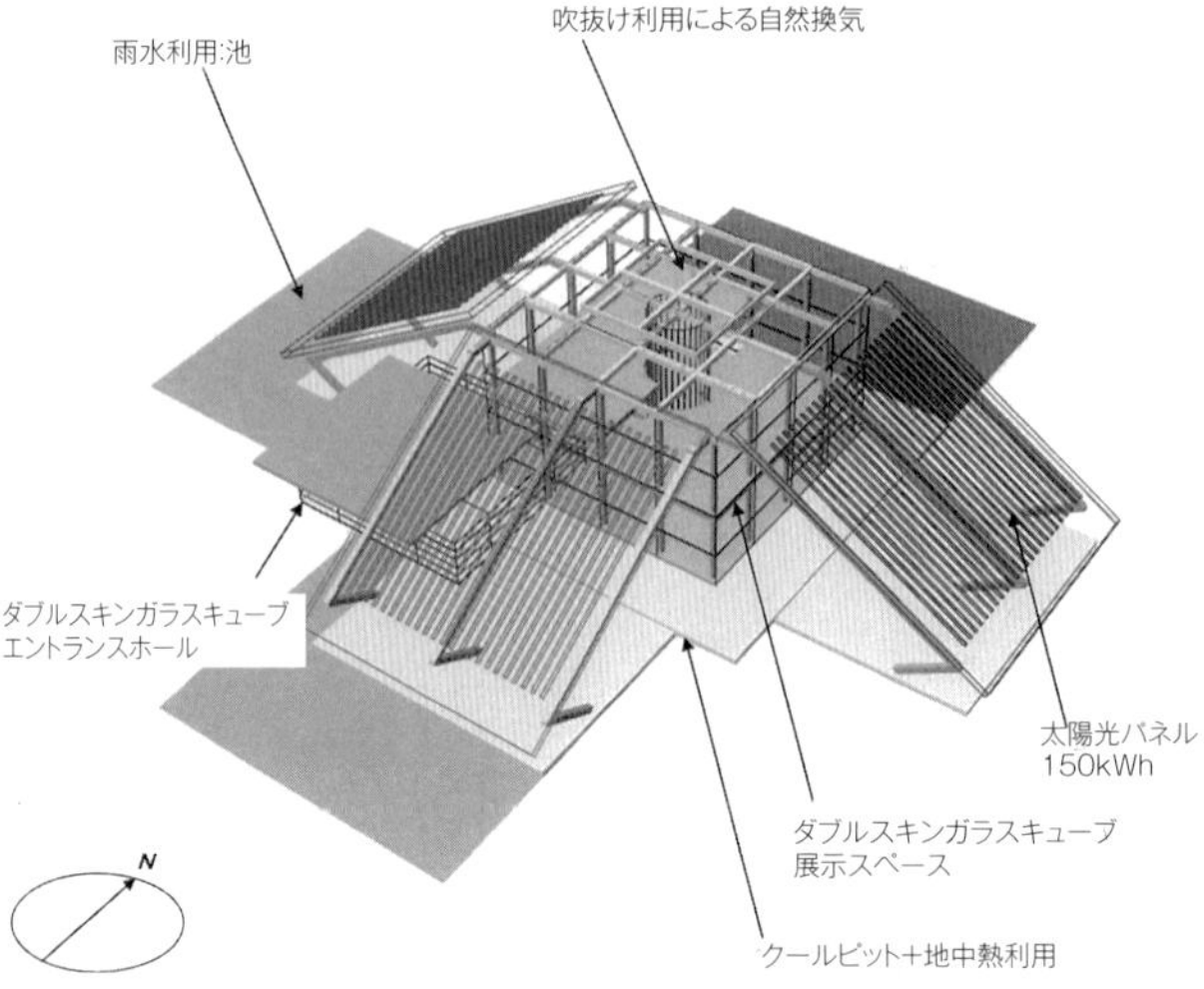

図10　富岡町復興記念館のエネルギー計画3D

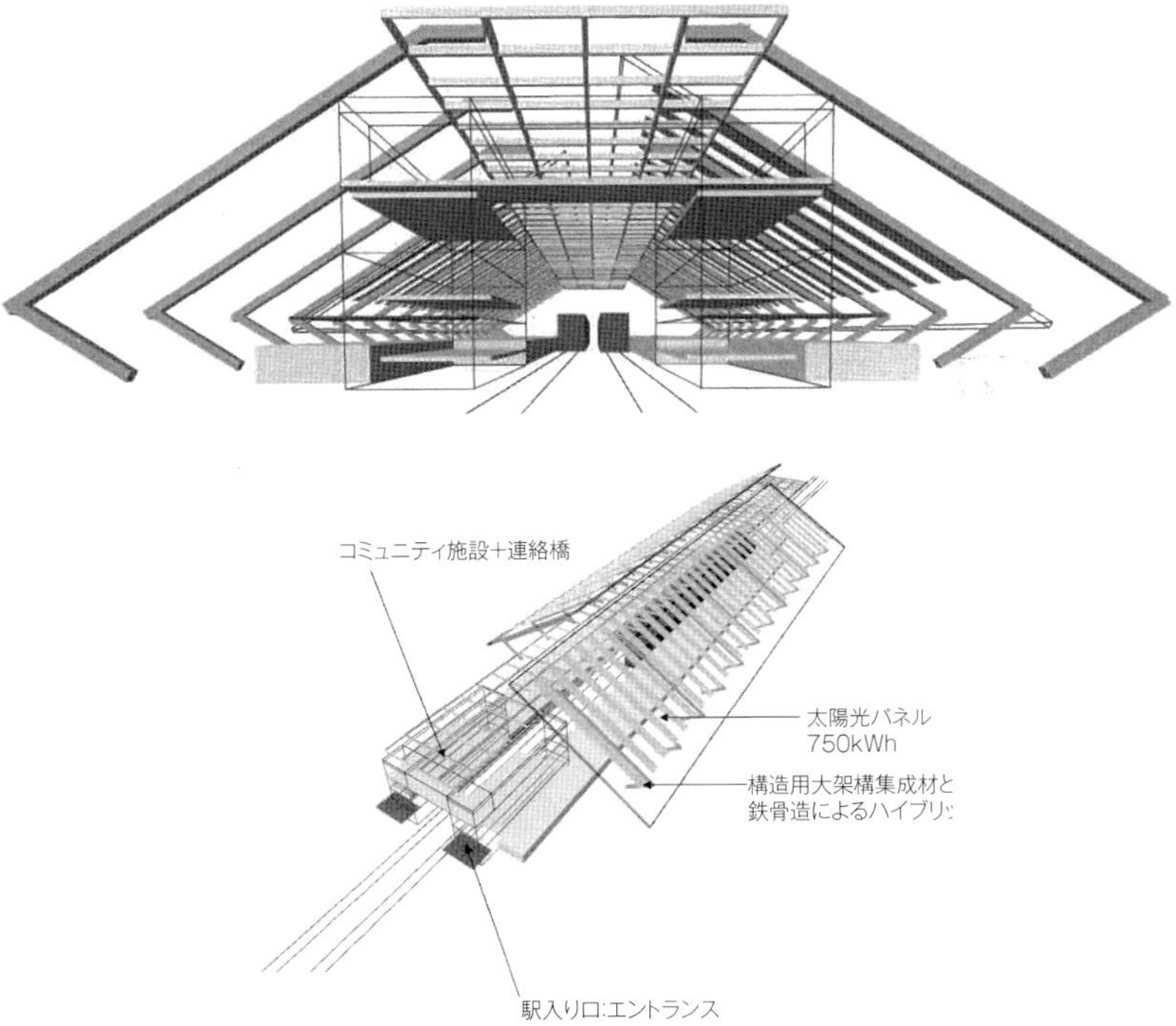

図11　新JR富岡駅断面とコンセプト3D

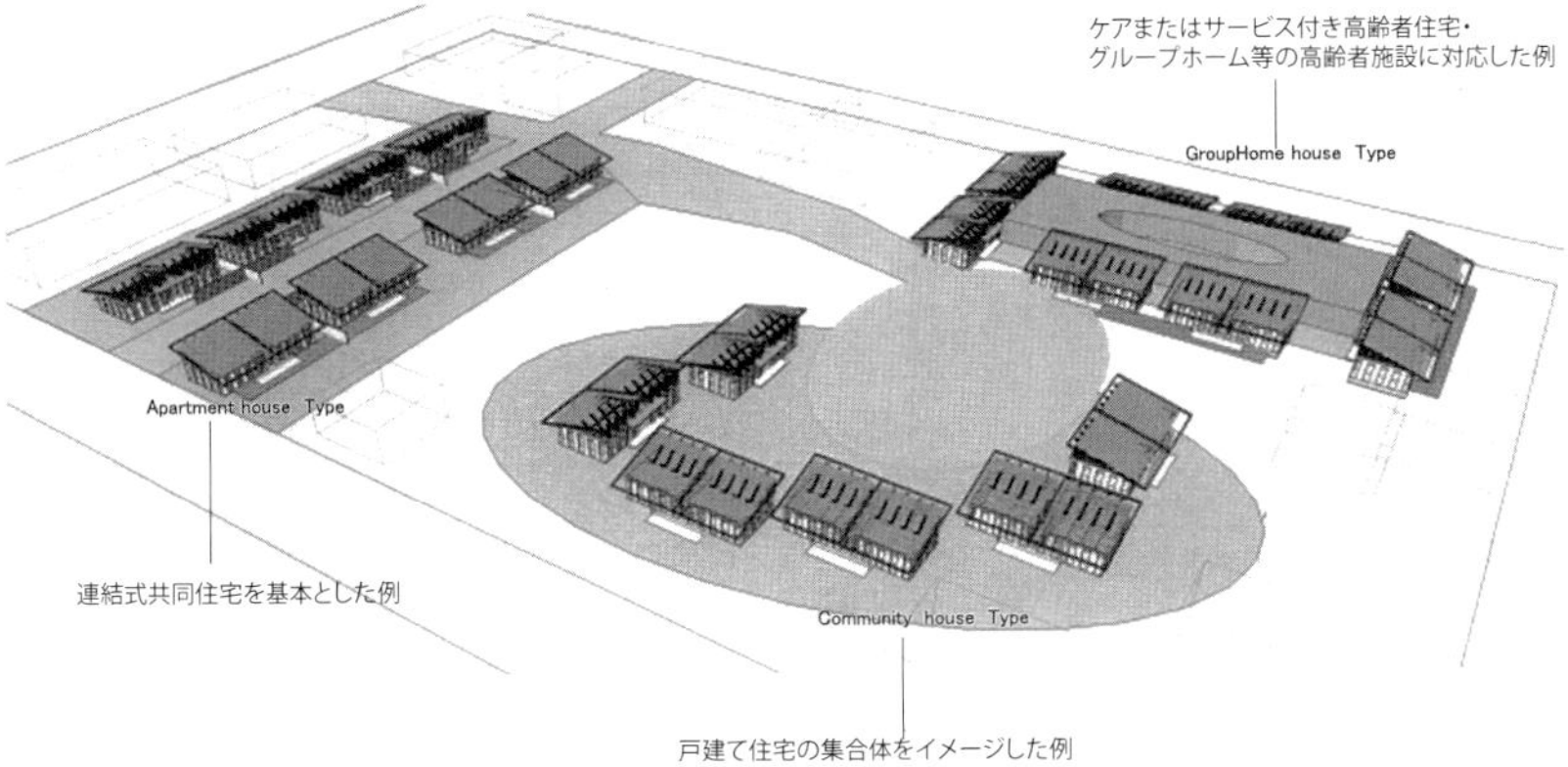

図12　復興住宅計画のイメージ3D

んでした。この直後富岡駅が終着駅となり、現在常磐線はここ富岡駅と浪江駅間が不通となっている状況です。

復興記念館「環境ドーム」　福島第一、第二原発にはさまれた象徴的な立地となる富岡町の復興記念館は、被災前のまちの過去、被災後の現在の記録とともに、なによりも未来のエネルギーを象徴する空間でありたいと考えました。そこで、この記念館のデザインは駅との統一性を図りつつ、富岡町の新しい顔となるような施設を目指しました（図9、10）。

「環境ドーム」と仮称した記念館の中心となる展示場は、木造で全面ガラス張りのダブルスキンのガラスキューブによる構成となります。この大きなガラス面に、日本の伝統的な民家や寺院の勾配屋根をイメージしての太陽光パネルを庇状に設置して、ガラスキューブ全体を囲う一体型パネルによって施設全体が自身でエネルギーをまかなえるゼブ（ZEB）を目指しました。

この記念館が第一原発と対面する北側以外の南、西および東面の三方に太陽光が木漏れ日のように透過するシースルー型の太陽光パネルを工夫して設置します。シースルー型の太陽光パネルは、強化ガラスにサンドイッチされた小さな太陽電池セルによって構成されます。さらにこの地域での方位による太陽エネルギーの科学的なデータを収集するとともに、方位の異なる大屋根状の庇ごとに太陽エネルギーの効率を比較し、将来の富岡町の再生エネルギーに対応した建築としてのデータ集積を計ります。

さらに展示空間は吹抜け空間によって自然換気し、空調負荷低減など自然エネルギー導入技術を多く取り入れました。具体的には中心となるダブルスキンガラスキューブは大屋根状の庇によって直接太陽光を避けることとなり、さらに建物外周には池を設けてクールピットとして空調負荷低減も計り、雨水は中水として活用します。また庇空間は夏期には風の道となり、さらに雨や雪をしのぐ公共の縁側的空間を構成します。

本施設は、一五〇ＫＷｈの太陽光に加え、蓄電池併用によって平常時にも、また外部電力が途絶えた災害時にも対応可能で、さらに地中熱利用によって空調負荷低減を計るための二重のプロテクトとなります。地中熱は地中百ｍぐらいで十七℃とほぼ一定の熱を活用しますが、この地熱はもともと太陽のエネルギーが地表に蓄積されたもので、この地熱と地上熱の温度差を利用してヒートポンプで空調に利用します。

展示内容は富岡の過去・現在・未来をスキップフロア構成によって示すとともに未来については地熱・太陽・風力など再生エネルギーの科学や再生エネルギーを活かした住宅や次世代モビリテイ等を展示して将来の再生エネルギー都市や建築像をビジュアルに展示をします。

構造は構造用大架構集成材と鉄骨造によるハイブリット構造で、規模は約一〇〇〇㎡（約三〇〇坪）で、コストは約六億（二〇〇万／坪）としています。なんとか研究会のメンバー企業の協力でできないかとの思いで試算しました。

「祈りの広場と慰霊碑」　防潮堤内に立地する海の見えない祈りの空間は、慰霊碑の広場からスーパー堤防を駆け上るような桜の並木に囲まれた階段状の立体的な祈りの空間を構成し、堤防のトップから海に張り出た小さな展望テラスを設けました。物よりも心を象徴する精神性を、この防潮堤を利用して大海と大地のうねりをバックに円盤状の石碑を刻みました。海の見えない敷地ではありますが、海との関係性を強くイメージしてのデザインです。

復興住宅計画

太陽エネルギーを象徴する住宅団地の全体計画を提案するにあたり、環境に対応したまちづくりを考えました（図12）。具体的にはコンクリート張りの雨水や排水路を設けることなく自然浸透の小川や樹木はそのまま活かし、団地内の交通は徒歩、自転車、公共交通以外の車の進入は原則排除しています。さらに住宅を含むすべての建物には厳しい断熱・高気密基準のほか、太陽エネルギー対応建築として、太陽光パネルの設置の義務化を提案しました。具体的なモデルとして連続式共同住宅の例、戸建住宅の集合体の例、ケア、またはサービス付きの高齢者住宅・グループホームなどの高齢者施設の例などのバリエーションを「住居ユニット」の組合せによって示しました。

住居計画　住居ユニット

積極的に建築におけるエネルギー活用を計るアクティブ対応として屋根を蓄熱、通風機能ルーフによって獲得し、ピットには蓄熱、貯湯機能を果たす提案とともに、アクティブではないパッシブ対応として壁面での緑化などを計画しました（図13）。

住居ユニットは、五・四ｍ×五・四ｍ（約九坪）の構成で構造用集積材による自然素材の活用を計ります。このユニットを単位に組合せて多様な被災家族のニーズに対応しようとするものです。

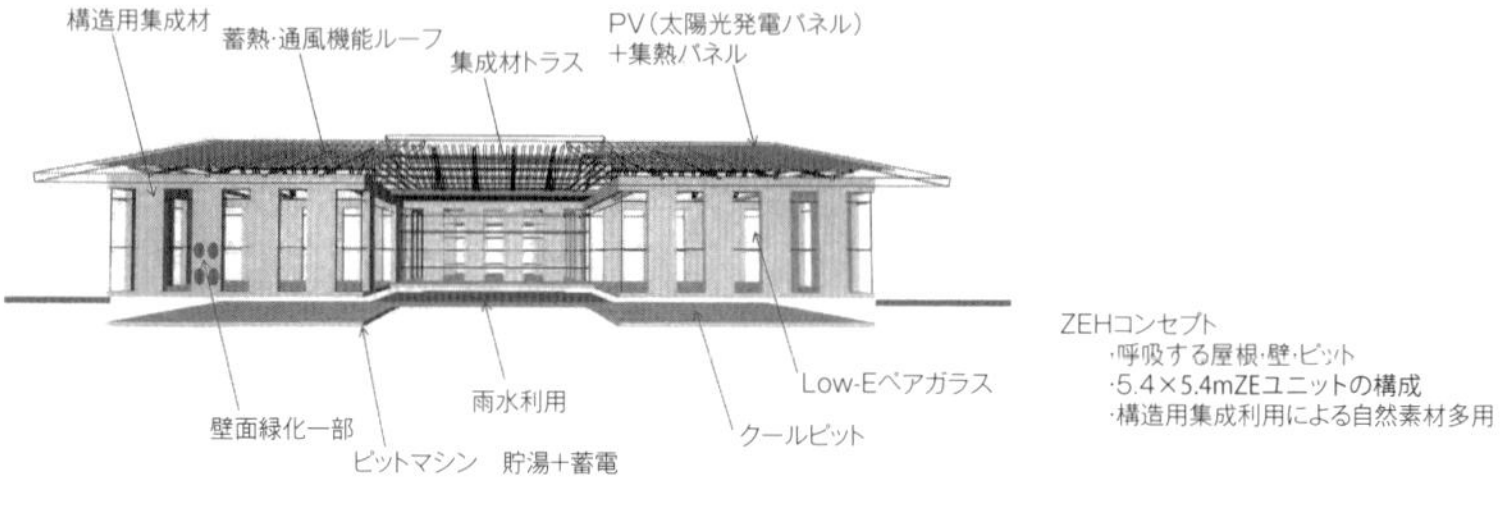

図13　ZEH復興住宅コンセプト3D

太陽エネルギーのデザインをさぐる

すでに述べたように、3・11被災の前年となる二〇一〇年、住宅を含めた建築における新たなエネルギーによる建築的可能性を探るべく、太陽エネルギーデザイン研究会を設立しました。研究会では、これからの住宅や建築が欧米並みに高気密で高断熱な省エネルギーをベースに再生エネルギーを活用するなかに、あるべき建築のデザイン像、都市像の構築することを大目標としています。すでに、建物自身で消費するエネルギーの時代から自給する創エネルギーが求められる時代に突入しようとしており、その着地点がスマートシティであり、建築によるZEH、ZEBの具現化といえます。

さらに、このようなエネルギーを創出する質の高い建物によって、資産価値の高い住居が国際的にも求められています。具体的には、住宅のどの部屋においても、冬場十五℃が保たれている住宅でなければ資産価値がある家といえないという厳しい評価基準が国際的に求められます。これは冬場の浴室におけるヒートショックなど、「住」と「人」の健康との関係においても重要な目標の一つとなります。ちなみにヨーロッパでは基準値以下だと病気の発症リスクが高いとして保険料の掛け率が上がったり、賃貸住宅では解体命令が出るほどです。刑務所も例外ではなく人権問題化しています。

3・11以降、原発事故があったにもかかわらず、再生エネルギーが安定を欠くことを、原発の再可動の根拠の一つとする状況は、住まいの目指すべき国際化の動きに整合していません。これは復興会議の七つの原則のなかで示された新たなエネルギーによる新産業への展開への芽を摘むことにもなりかねません。しかしながら、このような状況でも建築家は粛々とエネルギーの視点からの「技術」とその「デザイン」の蓄積を積み重ねていかなければなりません。このエネルギーを考えた空間のイメージはなかなか難しく、建築家、専門家といえどもすぐには答えを提示できません。建築空間は見て直接感じられますが、エネルギーは、目で捉え難く、確認もしにくいことにあります。そこでエネルギーを視覚化できる太陽光パネルを象徴してのエネルギーデザインを標榜しての研究会の命名となったわけです。研究会設立半年後に今回の大震災の悲惨な放射線汚染が起きるという状況のなか、避難を余儀なくされた多くの人々に誇りを持てるエネルギーの未来型のモデルともなる建築や復興住宅に住んでもらいたいという私達の思いから支援を続けてきました。

太陽エネルギーデザイン研究会は、二〇一三年、太陽エネルギーデザインの出版のためのヨーロッパ視察を企画しました。これまでにも実施した台湾、シンガポール、韓国や国内の視察や研究会例会での講演などで得た多くの建築的成果の集大成をこの出版で目指しました。視察したのはその最先端を走るドイツと近年目覚ましい進歩を続けているスイスに加え、隣接するフランスの三カ国です。

これまでの再生エネルギーによる建築の事例が数々の出版物で紹介されましたが、建築を専門とする私達でさえどのように設計し、デザインするかの解をこれらの書籍から得ることはできませんでした。そこで、デザインにつながる分析とともに、大局的な設計法を事例のなかに見ていきたいと思います。ここでは、難解なエネルギーシステムや数値をできるだけ排除してデザインの類例化をまとめます。さらに、近年の成果を歴史的系譜の視点からながめ、日本の現在置かれているデザイン的レベルを確認したいと思います。

訪問前、日本のように無秩序な太陽光パネルの設置ではなく、さりとて観光立国スイスのようにメガソーラーを認めないということでもなく、漠然とドイツの環境先進都市ヴォーヴァンのデザインが念頭にありましたが、エネルギー新興国スイスでの思わぬ展開にふれることで新たなデザインの方向性を数多く知ることができました。スイスでは、太陽光パネルの無機質な色彩を打破すべく、彩り鮮やかなビルディングファサードの建物の工事が進められているスイスのローザンヌ工科大学（ＥＰＦＬ）の訪問で、このパネルの開発者マイケル・グレッツェル教授のレクチャアに臨み、その後工事中の会議棟を視察することができました。残念ながらこの時は、パネルが設置されていませんでした。その後、ベルン、チューリッヒの住宅を中心に視察を続けました。

スイス

ローザンヌ工科大学（ＥＰＦＬ）訪問後は、特に太陽エネルギーパネルなどの装置が目立たない住宅事例を視察しました。まずはベルンの三世帯住居でその後、チューリッヒのサニーウッド、サニーワットはともに地元の建築家ベアット・ケンプフェンの設計によるものです。日本の住宅地で無秩序なパネル設置が当たり前のなか、その違いにまず驚かされました。太陽光パネルが外観にほとんど露出しないデザインカテゴリーをこれらの集合住宅で知ることとなりました。

三世帯住宅（ベルン）　ベルン近郊の高級な住宅街に立地し、大きなガラスの開口部を持つ木造三階建ての集合住宅で、同形状の平面の住宅が三住戸重なった構成によるシンプル

図14　EPFL会議棟の色素増感太陽光パネル

な建物です（図15）。三方のガラスの開口部は三重のガラスで先端のテラスには木製の電動ルーバーが設置されています。この建物を外部から少し離れて眺めて、やっと屋上に太陽光パネルが設置されていることが確認できました。

サニーウッド（チューリッヒ）　二〇〇一年スイスソーラー大賞建築部門賞を受賞し、スイス初のエネルギーゼロ住宅（ＺＥＨ）となりました（図16）。木造四階建ての十九戸からなる集合住宅で高級な住宅街の一角に立地しています。一目見てエネルギー装置がどこに仕込まれているのかわかりませんでしたが、同行した設計者から屋上の「太陽光パネル」の存在と各住戸のバルコニーの手すりが「真空管式太陽熱集熱器」であることをやっと知ることができるほどに、要素技術を目立たせないデザインでした。

サニーワット（チューリッヒ）　サニーウッドと同じベアット・ケンプフェン設計で、こちらも二〇一一年スイスソーラー大賞の建築部門賞を受賞し、サニーウッドでの受賞後十年目の作品で十年間のエネルギーデザインの進化を確認したいと思います（図17）。

この集合住宅も前作同様ＺＥＨで、これを達成するためにパッシブとアクティブの両面から多元的に対応した木造集合住宅となります。まず、基本となるソーラパッシブは、日射制御とダイレクトゲインの工夫で、それを列挙すると「テラスのオーニング」「外付けのブラインド」「南向きの大きな開口」「自然石の床材」「高気密・高断熱」「三重のサッシ」さらに「屋上緑化」が加わります。ソーラアクティブとしては勾配屋根に設置した「太陽光パネル」、さらに太陽熱として勾配屋根に設置の「真空管式太陽熱集熱器」、さら

図15　三世帯住宅屋上には太陽光パネル（スイス）

に「地中熱利用のヒートポンプ」が加わります。しかしながら、勾配屋根に設置した太陽光パネルは巧みなデザイン的工夫によって地上からも、各住戸のベランダからも見えないよう配慮がされています。幸い、この建物を設計した建築家の住まいに招かれてじっくりと内外を見学することができました。観光立国ならではの、景観的配慮によって太陽エネルギーの装置が目立たない建築で、設計者自身の十年間の進化が一段と高まった作品と改めて感じました。

この真空管式の太陽熱集熱器は、ちょうど蛍光灯のような透明なガラス管を積み重ねて、これをバルコニーの手すりに組み込んだものです。建築家フランク・ロイド・ライト設計のミルウォーキーに立地するジョンソン・ワックスの本社ビルの開口部（図18）にも共通するデザイン・エレメントです。こちらは、通常ガラス窓となる開口部やトップライトにこのガラス管を連続させて用いたもので、さながら開口部におけるエネルギー対応、

図17　サニーワット（スイス）
勾配屋根には太陽光パネルを設置するが、その存在は見えないような工夫がある（上）。内部の居住空間（下）

図16　サニーウッドの屋上太陽光パネル（スイス）
手摺には太陽熱集熱器がある（右）

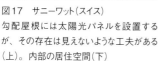

特に太陽熱利用を暗示しているようなデザインと感じました。

このライトの先見性は、ニューヨークのグッゲンハイム美術館の連続的なスロープが車イス対応の建築カテゴリーでのユニバーサルデザインを象徴するようなメッセージとかつて感じたことにもつながります。

その後、次の目的地チューリッヒに到着しましたが何と建物外観全体が太陽光と太陽熱エネルギー装置に被われた集合住宅を訪れることとなり、これまでの三つの集合住宅とはまったく対極的な集合住宅のデザインカテゴリーとなります。

ベンナウの集合住宅（チューリッヒ）　クラブ・アーキテクツ設計で、こちらも二〇一〇年スイスソーラー大賞のノーマン・フォスターアワード部門受賞作品です（図19）。ノーマン・フォスターはイギリスの建築家でサーの爵位をもつ世界的に著名な建築家です。この集合住宅は、地域コミュニティの中心となる教会に隣接し、道路の反対側には小学校が立地します。建物外皮全体がエネルギーを生み出す装置となる究極の創エネルギーハウスといえます。具体的には、屋根には一体型の太陽光パネルが、外壁も同様に一体型の太陽熱パネルが設置されています。建物はまるで全身にエネルギー供給パネルをまとったロボットのようなイメージです。

この一体型とは既述したとおり、パネルが建材として建物と一体化したデザイン性の高い建物で、この一体型のパネルは一年を通して太陽エネルギーを受光しやすい勾配屋根とともに、冬に需要が高い太陽熱のパネルは外壁の垂直面に設置して季節による太陽高度を考慮しています。これらの工夫によってこの建物のプラスエネルギー度は百十%、すなわ

図18　ジョンソンワックス本社外観と渡り廊下（設計：F.L.ライト）

ち建物の消費エネルギーに対する再生エネルギーの割合は一・一倍となるＺＥＨとなります。この建物での余剰のエネルギーは隣接施設に供給されていて文字通りコミュニティセンターとなっています。

急な屋根勾配は、太陽エネルギーを受光しやすい勾配であるとともに、地域での降雪に対応したものと思われますが、それ以上に周辺景観を配慮していることに現地で気がつきました。勾配は、隣接する教会の屋根勾配だけでなく周辺に残るスイスを代表する歴史的木造大屋根の民家群の勾配にも一致して、この地域における降雪と、周辺の景観をも考慮しての高い技術力を感じる事例といえます。

環境アリーナ（チューリッヒ）　レン・シュミット設計で二〇一二年スイスソーラー大賞のノーマン・フォスターアワード部門を受賞しました（図20）。究極のエネルギー住宅として紹介したベンナウの集合住宅以上に、建物の外皮によってエネルギーを象徴するインパクトのある建築に、スイスでの最終日に巡り合いました。アルプスのロックマウンテンに見立てて、太陽光パネルで大屋根を構成するという大胆な外観は、やはり一体型となります。プラスエネルギー度は、太陽光のほかバイオガスや太陽熱などによってなんと二百三％と驚くべき値のゼロエネルギー建築（ＺＥＢ）となります。さらに建物機能がこれまでのような住居でなく環境のための総合展示施設で、太陽光パネルをまとった大屋根の大胆な形態が環境に関連した施設であることを暗示する画期的なデザインといえます。その展示内容は、屋上に設置された太陽エネルギー装置や風力発電装置が、屋内には太陽光パネルの仕組みや、その設置角度や方位でどれくらい発電量が変わるかなどの展示がされてい

図19　ベンナムの集合住宅（スイス）
開口部間のパネルは太陽熱パネル。隣接する教会の屋根勾配に会わせている

ます。ほかにもバイオや電気自動車など最先端の環境技術の数々が子供でも楽しく体験できるような施設となっています。

これまでの四角い形態の建築を打ち破る大屋根のデザインは、やや成熟度が低い気がしますが、ベンナムをさらに前進させてエネルギーにとっての最適な建築形態を暗示するエポックメーキングな建築例と感じました。さらに環境展示場に特化したエネルギー啓蒙施設として、今日的な設置意義は高いものと考えます。

この施設は、環境関連企業体の出資によって建設されたということで、エントランスにはその企業名が表記されていました。

以上スイスは、二〇三四年までに脱原発が国家方針で決定され、太陽光発電の推進のために数々の社会システムが計られていることを強く感じました。その一つが、紹介したスイスソーラー大賞のノーマン・フォスターアワード部門受賞などによる太陽エネルギー対応の建築のデザイン的レベルアップを計っての褒賞制度といえます。第二に観光立国としての景観を大切にしていることから、メガソーラーの設置は極めて困難な状況のなかでのさまざまな建築的工夫が行われています。第三は省エネルギー建築の標準化を求め「より高い生活水準、より低いエネルギー消費」をめざして、建設コストの一割増以内で政府基準以上の性能を確保した住宅を認証して、住宅資金の優遇や資産価値の評価を行うミネルギー協会の存在です。チューリッヒの本部オフィスを訪問しました。この「ミネルギー」とはミニマル・エネルギー消費から生まれた造語で光熱費を従来の半分以下に抑えることを掲げています。すでに紹介したベルンの三世帯住居、今回のチューリッヒのサニーウッド、サニーワット、ベンナウの集合住宅はいずれもこの協会の認証を受けています。

図20　環境アリーナ(スイス)　太陽光パネルの大屋根(左)、内部展示空間(右)

スイスにおける高いデザイン性を支える「デザイン褒賞制度」「景観対応」、そして「認証制度」と再生エネルギーを取り巻く数々の社会システムの存在に驚くばかりで、わが国での被災地復興、特に福島県には積極的に導入したい、今後、日本の目指すべきエネルギーの質を高めるための制度であるとともに、新たな社会システム構築につながるものだと考えます。

ドイツ

太陽エネルギーデザインの聖地ともいえるフライブルクの新都市ヴォーヴァンは、再生エネルギーを象徴的にまちづくりに展開した環境都市としての試みを一九九三年にスタートしています。この環境都市の建設は近郊の原発建設がフライブルク市民の反対運動で撤回されたことがきっかけとなりました。その存在に長年着目してきた環境コンサルタントの村上敦氏の案内による今回の視察となりました。村上氏はもともと交通計画を専門とする土木技術者です。

ヴォーヴァン（フライブルク）　ヴォーヴァンのあるフライブルクはドイツ南部の歴史都市で、中心部から車を排除して路面電車トラム（ＬＲＴ）を早い時期から導入してきました。特に住宅地内の中心部ではショート・ウェイ・シティ計画によって商業の集積区を設置して徒歩での日常生活を可能として、結果的にエネルギーを抑制している都市となります。その一画となるこのヴォーヴァンは第二次大戦後駐留フランス軍の兵舎跡地を利用したニュータウンで、「カーポート・フリー」による都市計画によって住宅地のほとんどが自宅の敷地内に駐車場設置を禁止しています。

このヴォーヴァンの環境シンボル的コアとなるシュリアベルク・ソーラー団地は、建築家ロルフ・ディッシュ設計で再生エネルギーを建物に多用して環境都市のイメージを具体化して広く世界に注目されています。前述したように、視察の目玉はやや旧い事例とはなりますが、このまちづくりとここに建てられたエネルギー対応の建築であろうと感じての視察でした。さらにこの団地の設計者でもある自身の自邸もここヴォーヴァンに立地し、エネルギー都市を象徴するような実験住宅といえます。ヘリオトロープと呼ばれるこの住宅は太陽に向かう意味で建物全体が自転するという未来的なエネルギー住宅です。

ヘリオトロープ（フライブルク）　このヘリオトロープとは向日性の美しい植物の名称でギリシャ語が語源で、一九九四年にこの住宅は完成しました（図21）。屋上には二軸自動太陽追尾装置付きの太陽光パネルが設置されて、太陽の動きを追尾しながらパネルが回転して、最適な傾斜角度に調整できるようコンピューター制御がなされています。さらにこのパネルの回転とは別の回転で、多角面の平面形の家自体も主軸を中心に回転して、冬は大きな開口部が常に太陽の方向を向き、夏は背中を向けるよう制御されています。この向光性はエネルギーのアクティブ利用で、背光性はパッシブ利用となり、これを同時に融合させた画期的な実験住宅といえます。さらに三十cm厚の断熱材、窓ガラスは、三重構成で、この二重の回転が加わることでエネルギーが八分の一に抑えられたプラスエネルギー住宅です。

また太陽光とは別に太陽熱の利用が加わります。バルコニーの手すりが真空式の太陽熱

図21　ヘリオトープ（ドイツ）

集熱器で給湯と暖房をまかなっています。残念ながら現在はこの建物は使用されていませんでした。

シュリアベルク・ソーラ団地（フライブルク）　建築家ロルフ・ディッシュはヘリオトロープ完成後、同じヴォーヴァン内にプラスエネルギーの集合住宅を構想したのがこのシュリアベルク・ソーラー団地で二〇〇五年に完成しました（図22）。

一・一haの敷地に長屋形式のプラスエネルギー住宅十棟、五十戸に加え商業施設やオフィスが入るソーラーシップと呼ばれる大型ビルからなっています。すべての屋根に太陽光パネルが設置され、その設置角度は太陽光の入射に最適となる二十二度で、一戸あたり年間消費エネルギーは二二〇〇ｋＷｈで創エネルギーは六二八〇Ｋｗｈと三倍近い大幅なプラスエネルギーとなります。もっとも評価したい点が太陽光パネルにおける装置を越えた美しさです。樹々の木漏れ日をモチーフとした庇の太陽光パネルは、強化ガラスにサンドイッチされた小さな太陽電池のセルがあたかも樹木の葉のようです。また、この屋根の庇を支える鉄骨フレームが枝となったデザイン性の高い屋根を形成します。

日本でもこの建物のような木漏れ日をモティーフにした透過性の高い太陽光パネルを多くの建物で最近見ることができますが、その原点となる建物です。

ディオゲーネ（ヴァイル・アム・ライン）　イタリアの建築家レンゾ・ピアノの設計で、ドイツの家具メーカーのヴィトラ社のオーナー、ロルフ・フェルバウムがこの小さな家「ディオゲーネ」を二〇〇九年頃から開発し、製品化を視野に実物がヴィトラキャンパスに展

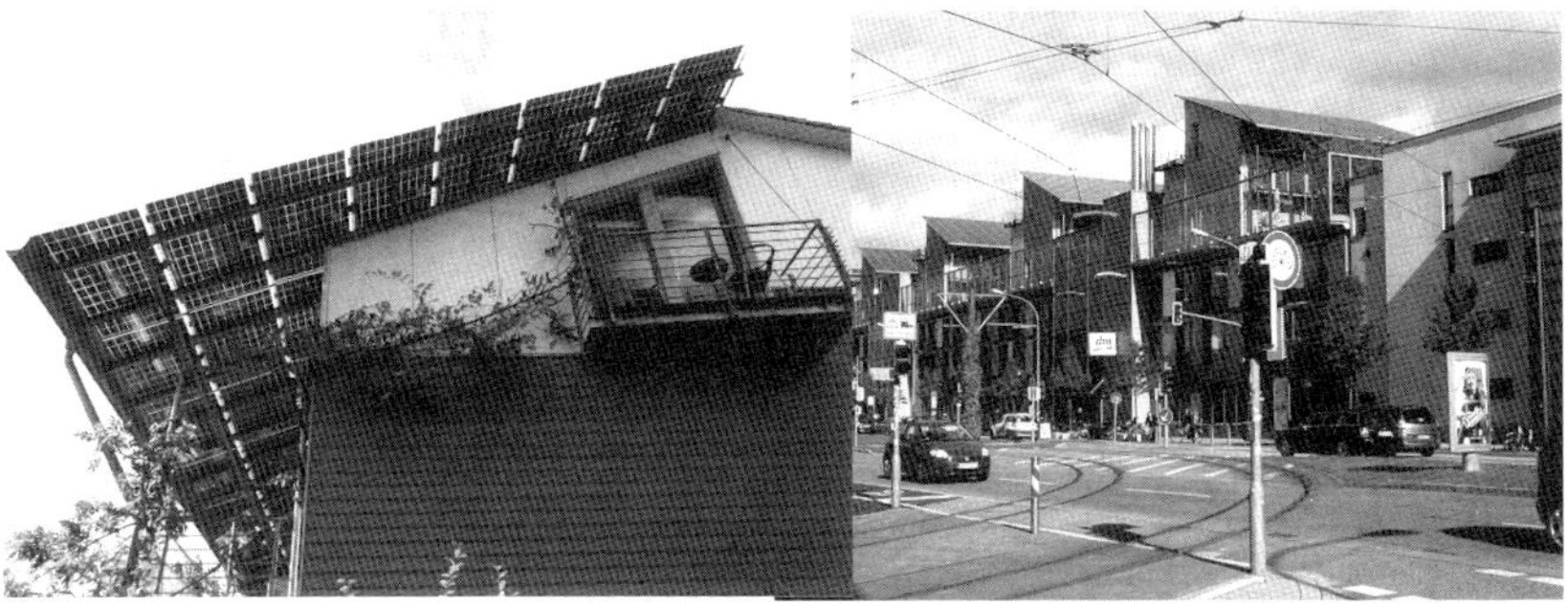

図22　シュリアベルク・ソーラー団地（ドイツ）。屋根にはシースルー型の太陽光パネル（左）

示されています（図23）。ヴィトラキャンパスとはこの家具製造工場の敷地内に世界の著名建築家の設計した展示場、消防署、ゲストハウスなどが立地する何とも贅沢な私立の現代建築博物館的施設群です。

この小住宅は水も電気も太陽エネルギーによって自給し、移動や設置が簡便で本業の家具製造の延長としての小さくて大きな実験といえます。この実験住居を見るためにキャンパスツアーに参加しましたが、唯一この建物だけは近寄れず、見学後フェンス越しの撮影とヘルツォーク＆ド・ムーロン設計のヴィトラ社の家具ショールーム最上階からの俯瞰の撮影にとどまりました。実験的可動式エネルギー住宅としての評価は高く、今後被災避難所や南海トラフ対応の防災拠点などへの応用ができるのではないかと思います。

国土面積比で換算すると日本の自然エネルギー量はドイツの九倍となるなか、ドイツの核心的なエネルギーシステムを今回の視察で再認識しました。ＥＵでは総合的に住宅の質的向上のため、「住宅の省エネ性能」を共通の物差しで評価することが求められています。この物差しがＥＮＥＲＧＹ ＰＡＳＳ※という評価制度で、二〇〇八年に住宅の省エネ性能として義務化され、評価の証明書となるものです。

村上氏は視察中に、もうヴォーヴァンのように無理して建物に太陽光パネルを設置することはないとささやきました。太陽光パネルは設置しやすい場所に求め、建築はもっと自由でいいというものです。スイスの視察での目立たないパネルの住宅例とつながる考えで、エネルギーにおける新しい時代の到来をこのドイツの視察で再認識することとなりました。

図23　ディオゲーネ（ドイツ）
（設計：レンゾ・ピアノ）

※ＥＮＥＲＧＹ ＰＡＳＳ
ＥＵ各国では快適な室内温度を保つために必要なエネルギー量の明示が義務づけられていて、この制度に基づいたドイツの例。

富岡町の復興住宅の提案で無理して建物に太陽光パネルを設置しないというカテゴリーも加えて、総合的な視点から計画の再構築の必要を強く感じるほどの私にとっては大切なささやきでした。

スペイン

日本での再生可能エネルギー法の運用開始は3・11直後で、復興のタイミングが重なったことは既述しましたが、スペインは早くも一九九四年に再生エネルギーの固定価格買い取り制度を開始し、その後再生エネルギーブームによって経済が大いに活性化しました。その象徴が宮古市田老地区でも提案した太陽集光型の発電システムで、私達はこのシステムの導入と中心施設となるタワーを復興シンボルとした提案を行ったことも既述しました。この原点となる発電所が二〇〇七年にスペイン南部のアンダルシア地方セヴィジャに建設された世界初の高さ百十五ｍのタワー式発電所がＰＳ10で、つづいて百六十五ｍの高さとなるＰＳ20も建設されました。その後スペインは想定を上回る再生エネルギーの急速な普及で、財政的負担が膨らんでエネルギーバブルの崩壊が進み、二〇一二年固定価格買い取り制度を停止しました。奇しくも、この年は日本でこの制度の運用がスタートした3・11の一年後となります。わが国も現在すでにこの買い取り制度の停止に向けての調整が進められていて、今後需給のバランスや負担コストの見極めなど細やかな政策が求められているところです。

このようなエネルギー大国スペインの視察を計画しました。その目的はスペインの世界遺産の地形的特徴を近著で論述した京都・奈良の境内との比較とともに、この再生エ

図24　アルハンブラ宮殿大広間
格子ごしのドット状の光（左）と光のゆらぎ（右）

ネルギーのスペインでの動向ですが、こちらについては確たる視察すべきポイントはありませんでした。後述する富岡さくらメガソーラーのビジターセンターの設計を受けてＢＩＰＶの次世代型の太陽光パネルによるデザインのヒントになればと、アルハンブラ宮殿の木製格子で日射をコントロールして強烈な太陽光が優しい揺らぎの光となって床に落としている写真に触発され、これを確認したいと考えていました。

アルハンブラへは新幹線ＡＶＥでマドリーからコルドバまで、その後バスツアーでの訪問となります。コルドバからセヴィジャに向かうバスの車窓からはひまわり畑が果てしなくつづくなか、丘陵地に突然大型の太陽光パネルによる巨大発電所が出現しました（図25）。日本のパネルの架台は多くが仮設的ですが、車窓に広がる架台はかなり大掛かりな構造物で、まるで宇宙ステーションにあるような、これまで見たことのない未来的なデザインが目の前に展開しました。さらに進むと、巨大なローソクのように光ったタワーが丘の上に見え隠れしはじめました。近づくと光の筋がタワーに集まって全体が円錐形の光のカーテンに優しくつつまれ、タワーの先端が巨大なローソクのように輝いていました（図26）。直感的にＰＳ10と思いました。この光の広がりは、まさにＳＦの世界のＵＦＯのように神秘的で宗教的な荘厳さを感じるほどです。エル・グレコ、ピカソ、ミロなどの芸術家や、建築家ガウディを生んだスペインならではの独創性、創造性につながる再生エネルギー装置のデザインと感じました。

特に日本でのメガソーラーによるパネル設置の仮設性をこれまで当たり前のように自身でも思っていました。その理由は投資回収期間とパネルを含むシステムの耐用年限となる二十年後には一般的に撤去が前提となるためです。景観的にメガソーラーを認めないスイ

図25　アンダルシア地方の太陽光パネルによるメガソーラー発電所

ス、そしてスペインでの仮設性を翻すデザイン性に驚きました。

このタワー式のシステムは太陽の熱を夜でも発電できるように、レンズ、鏡などの反射で太陽光をタワーに集め、その熱で水を蒸発させ蒸気タービンを回転させて発電するシステムです。原理は火力発電と同じですが、このタワー式発電所は熱をつくるために燃料を燃やすのではなく無尽蔵の太陽熱を利用する点です。

ヨーロッパ大陸の南西端に位置するスペイン南部のここアンダルシア地方は年間を通じて温暖で雨の少ない地中海性気候で、季節によらず太陽が降り注ぎ欧州のなかでも太陽を含む自然エネルギーの導入が進み、二〇一四年の年間電力消費量は四十三%に達し、このうち太陽エネルギーは七%となります。ベースロード電源※を再生エネルギーでも風力としています。

スペインは、太陽エネルギーの質と量のうち量が大きく占めています。質への向上が求められているわが国の状況に近いといえますが、今回の視察でも優れたデザイン性を兼ね備えた効率性の高いメガソーラー発電所の存在も知ることとなりました。一方、太陽エネルギーのデザイン事例は、エネルギーバブル期の数少ない事例をバルセロナの海岸で視察しましたが、一体型太陽光パネルがかろうじて残されているものの、視察前に写真で確認したような輝きはありませんでした。

日本

日本でも太陽光パネルを設置した建物が多く具現化するなか、スイスやドイツの事例と比肩する施設も出現しはじめています。いくつか紹介したいと思います。

図26　アンダルシア地方の太陽熱タワー式メガソーラー発電所

※ベースロード電源
季節・天候・昼夜を問わず、一定量の電力を安定的に低コストで供給できる電源のことをいう。

東京工業大学環境エネルギーイノベーション棟（太陽のカテドラル）　大学キャンパスの研究棟の外壁二面に架けられたフィーレンデールの鉄骨フレームに既製の各種太陽光パネル計二五〇〇枚を設置し、これらのパネルの点検用のキャットウォークを併設してスイスのベンナウの集合住宅同様エネルギー供給パネルを建物にまとった外観となります（図27）。大量の太陽光エネルギーパネルによって、この建物で使用するエネルギーをほぼまかなうエネルギー自給型の建物で、これらのパネルはさまざまなメーカーの製品が使用され、その性能を長期的に計測するとともに気象との関係やパネルの性能の経年変化などデータを収集し、今後に活かすことを目指したエネルギー実験建築ともいえます。

フィーレンデールの鉄骨フレームが建物本体に斜めに架けられて、建物との間に太陽のカテドラルを形成しています。設計は同大学教授で建築家の塚本由晴です。

大成建設ZEB実証棟　前述した太陽のカテドラルは、建材一体型ではありませんが、こちらは建材一体型でZEBとなります（図28）。建設会社の研究所内のエネルギーの実験的建物で、特に屋上には限られた面積で最大限の発電量が得られるよう、太陽光パネルを水平に設置しています。また、外観は、昼間は太陽光パネルがどこに仕込まれているのかわかりませんでしたが、夕刻内部の照明がほんのり目立つようになった頃、パネルとガラス面による外壁がモンドリアン調の幾何学的構成で浮かび上がってきました。設計は大成建設設計部です。

日本大学工学部ロハス実験住宅　冬季に降雪のあるスイスの住宅例で、屋根に一体型パ

図27　東京工業大学環境エネルギーイノベーション棟　太陽のカテドラル入口（右）

ネルを仕込んだ事例を紹介しましたが、これは勾配屋根をガラス製の太陽光パネルで形成することで、雪の滑り面となって建物の積雪を防ぐと思われます（図19）。わが国でも、積雪との関係でどう太陽光パネルを設置するかは、大きなテーマです。このロハス実験住宅は、屋根を特徴的なV字型のシュメール（雨どい）状に形成して、外から見えない内側に太陽光パネルを設置しています。また、このシュメールがまさに融雪の排水の機能をもたせたデザインとなり、積雪地ならではのユニークなデザイン事例といえます（図29）。

原発事故による被災地に建つエネルギー実験住宅であるとともに地域の風土を象徴的にデザインしたもので、復興住宅、まちづくりに活かしたい作品といえます。

ロハスとは「Lifestyles Of Health And Sustainability」の頭文字をとった略語で、一九九〇年代の後半にアメリカで唱えられ、健康や環境問題に関心の高い人々のライフスタイルとして注目されました。ロハスなモノ、コトなどとして紹介され、ロハスな暮らしを過ごす住宅として省エネルギー住宅を中心に住宅の機能やデザイン、素材などにその考え方が拡大しています。実験住宅の設計は同大学の浦部知義准教授です。

二〇一六年、地球温暖化を防ぐ気候変動枠組み条約国会合のCOP21のパリ協定をわが国もやっと批准しました。パリ協定の批准で国は二〇三〇年度に二〇一三年度比で二酸化炭素を二十六％減らす目標を掲げ、このために原発の再稼動に新設を加え、さらに石炭火力発電所建設を前提に原子力の比率を二十〜二十二％、石炭火力を二十六％、さらに再生エネルギーは二十二〜二十四％とするエネルギーミックスを策定しました。数値に若干の差はありますが、これまで通り原発を温存して火力発電と再生エネルギーとをほぼ同率

図28　大成建設ZEB研究棟　屋上一面に設置された太陽光パネル。夜間の外観（左）

とする三竦《すく》みの国際的には何とも主体性のない結論としています。３・11から丁度七年半がたって北海道胆振東部地震が発生し道内全域の電気が止まるブラックアウトに見舞われました。原因は道内最大の石炭火力発電所の緊急停止によって需要バランスが崩れてドミノ倒しのように次々と発電所が止まったものです。より制御しやすいと思われていた火力発電にも、原発同様に安全性への過信が招いた被災といえます。

一方、原発事故による被災を受けた福島県における独自の再生可能エネルギーのアクションプランについてはすでに紹介しましたが、国のエネルギーミックスに対して二〇四〇年までに福島県のすべての電力供給を自然エネルギーで、二〇二〇年までに四十％とする高い目標を掲げています。国の目標二〇三〇年までの二十二〜二十四％にくらべいかに革新的な値であるかが理解できると同時に、大きく被災した福島ならではの厳しいコードが国からリスペクトされない、いわば福島の被災の挫折と風化を象徴している値と見ることもできます。

３・11をきっかけに原発の安全性に対する信頼の崩壊によりわが国のエネルギー事情とエネルギー政策は大きな転換点を迎えるなか、福島県は独自の化石燃料や原子力に代わる、かつ、地域において調達可能な太陽光や風力、水力など再生可能エネルギーを積極的導入を図るもので、原発事故による被害を受けた福島県ならではの未来を見据え新たな社会システム構築に向けた政策と考えます。

さらに県は、具体的な推進施策として地域主導での再生エネルギーの導入に加え、関連産業の集積・育成を掲げ、独立行政法人産業技術総合研究所の「福島再生可能エネルギー開発拠点」を誘致しました。原発事故による被災地で私達が復興支援をはじめるきっかけ

図29　ロハス実験住宅(福島県郡山市)　ロハス実験住宅のＶ字型屋根(右)　ロハス実験住宅の模型(左)

となった郡山で開催した再生エネルギーフェア開催も、この県によるエネルギー政策の一環となります。このような福島県での活動に太陽エネルギーデザインの視点から国内外の事例に学び、具体的な復興施設とまちづくりに反映して新たな産業に展開できたらと考えてきましたが、完成なった福島再生可能エネルギー開発研究所はヨーロッパの衝撃的な再生エネルギーを象徴するデザインではありませんでした（図30）。

一方、3・11から七年が経ち福島県の復興施設の多くは、大変立派に完成しつつありますが、やはり再生エネルギーを象徴する新しいデザインによる建築は皆無といえる厳しい状況です。そこで、これまで紹介したスイス、ドイツ、スペイン、日本での先覚的な事例を分析して復興施設にその成果をデザインに活かす方法を結論として考えたいと思います

太陽エネルギーデザインの類例化

研究会設立時からのもやもやした太陽エネルギー対応の建築のあるべきデザインの方向性を、何回かの海外視察の成果をベースに国内も含めて類例化することで認識することができました。これは今回の視察だけの成果ではなく、視察の準備段階での研究会のメンバーで建築家の矢野一志氏らが中心となって集めた豊富な資料や、さらには現地視察で同行した参加者との意見交換、フライブルクの案内人である村上敦氏のささやきなどから導かれたものです。

具体的には、その建築型の極め付きとして、太陽光パネルをまとったロボットのような

図30　福島再生可能エネルギー研究所（福島県）

スイスの「環境アリーナ」の兜のような外観のデザインで、日本でも鎧のような「東京工業大学環境エネルギーイノベーション棟」の事例に通じる太陽光パネルを建物の外観で強くアピールしたデザインカテゴリーです。そして、このロボット型の対極がスッキリ型とでもいえるベルンの「三世帯住居」とチューリッヒの「サニーウッド」、「サニーワット」の集合住宅で、ほとんど太陽光パネルを認知できないカテゴリーの建物となります。これらのカテゴリーは、日本における無秩序な太陽エネルギーパネル設置に学ばなければならない景観の視点ばかりでなく、エネルギー資源小国ならではのエネルギー確保とともに、景観とのバランスを見事に計った成果と感じました。

そして、その中間が調和型で、フライブルクのヴォーヴァンの環境エネルギー都市とその建築群がこのカゴリーとなります。

その後、第一回エコマネハウスコンテスト※で入選した五大学の住宅が建設されました。この三つのカテゴリーにはどれもあてはまりませんでした。日本特有の「効率型」ともいえるカテゴリーと考えます。

日本の目指すべき方向は、ヴォーヴァンのような調和型だろうと考えての視察のスタートでしたが、村上敦氏の現地でのレクチャーで認識が大きく変わりました。無理して各戸が太陽光デザインを対応することはないとのささやきです。いうなれば調和型でなく消去型もあるとの見解と感じました。

次に、これらを近年のヨーロッパ、EUを中心とした太陽エネルギーに関連する建築を歴史的デザイン系譜でとらえたいと思います。黎明期ともいえるヴォーヴァンのまちづくりがスタートしたのが一九九三年で、翌一九九四年にはスペインでの再生エネルギーの

※エコマネハウスコンテスト
大学と民間企業が連携して住まい方（ZEH）を競うコンテストで、二〇一四年よりはじまる。これに入選した全住宅が東京・有明に建設されて、公開された。

表2　太陽エネルギー対応建築の類型

類型	ヨーロッパ		日本
	スイス	ドイツ	
象徴型	環境アリーナ　設計：レン・シュミット （2012スイスソーラー大賞 ノーマン・フォスターアワード部門）  ベンナムの集合住宅　設計：クラブ・アーキテクツ （2010スイスソーラー大賞 ノーマン・フォスターアワード部門） 	ヴォーバンのロルフ・デイッシュ邸 設計：ロルフ・デイッシュ  ヴィトラキャンパス デイオゲーネ 設計：レンゾ・ピアノ 	東工大環境エネルギー イノベーション棟 設計：塚本由晴 
調和型		ヴォーバンのシュリアベルク・ソーラー団地 設計：ロルフ・デイッシュ 	キリンビール横浜工場（旭硝子）  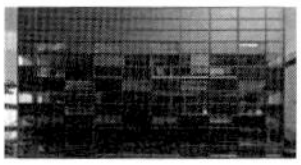 大成建設　技術センターZEB棟 設計：大成建設設計本部
消去型	三世帯住宅　設計：Halle58Architeckten  サニーウッド 設計：ベアット・ケンプフェン （2001スイスソーラー大賞 建築部門）  サニーワット 設計：ベアット・ケンプフェン （2011スイスソーラー大賞 建築部門）		ロハス実験住宅 設計：日本大学工学部建築学科 浦部知義 
効率型			ゼロエネルギーを目指した 都市型低層集合住宅 東京大学 （2014　エコマネハウス最優秀賞）  母の家2030 シェア型住宅スタイル 芝浦工業大学 （2014　エコマネハウス people's Award賞受賞） 

買取制度が開始される中、具体的なデザイン成果は建築家ロルフ・ディッシュによる集合住宅の調和型（二〇〇五年）、その後の成熟期ともいえるスイスにおけるベアット・ケンプフェン設計のサニーワットの集合住宅における消去型（二〇一一年）を経て、爛熟期とでもいえる大屋根の環境ドーム（二〇一二年）はこれまでの四角い形態の建築を打ち破って、エネルギーにとっての最適な建築形態を暗示するようなエポックメーキングな成果と感じます。

これらの類例化による系譜として取り上げた作品群は、ほぼ３・11前に完成したものばかりです。ヨーロッパ、ＥＵにおけるデザイン活動成果から一周遅れのスタートとなった福島、日本ではありますが被災を起爆剤にエネルギーでの新たな挑戦の中、一段とデザイン性の高い作品の出現を期待したい所です。

以上調和型、消去型、象徴型と効率型の分類のなか日本は、また福島は今後どう進むかが重要ですが、今の段階では一つにしぼることはなく、ケースバイケースと考えます。研究会を主宰して自身が太陽エネルギーをどうデザインするのかを悩んでの一つの結論でしたが、個々の事例ではなく立地する周辺環境にどうデザインするかという、見習うべき方向性を太陽エネルギーデザインの類例化で認識できたと考えます。

※本章で取り上げた作品事例の多くは本書、本章の姉妹編ともなる『ＢＩＰＶって何？　太陽エネルギーを纏う建物』で詳しく紹介しています。

この出版に協力いただいた企業は、以下のとおりです。

アイジー工業、旭硝子、旭ビルウォール、大阪テクノクラート、鹿島建設、カネカ、元旦ビューティ工業、菊川工業、五光物流、後藤建築事務所、三英、三協立山、三晃金属工業、サンテックパワージャパン、三和タジマ、清水建設、ジャパンソーラファクトリー、杉田エース、大成建設、大成設備、タイセイ総合研究所、太陽工業、田島ルーフィング、ＴＳＵＣＨＩＹＡ、習志野化工、日本設計、ネクスト・エム、ノザワ、富士エネルギー、不二サッシ、マキテック、松田平田設計、三菱化学、三菱地所設計、ユニアデックス、ＬＩＸＩＬ、ＲＥＣ Ｓｏｌａｒ Ｊａｐａｎワプル

Vers Une Architecture
建築へ

地球温暖化問題を背景に、建築分野での普及拡大が見込まれる建材一体型太陽電池（BIPV＝Building Integrated Photovoltaics）。建築デザインの視点から実務者らにその入門書として活用してもらおうと、太陽エネルギーデザイン研究会（略称・SDC）が『BIPVって何？　太陽エネルギーを纏う建築』を発刊した。伊澤岬名誉会長（日本大学名誉教授）をはじめ、執筆メンバーでもある大野二郎会長（日本設計環境創造マネジメントセンターシニアアドバイザー）と石井久史副会長（LIXILR&D本部新事業研究センターゼロエネ建築グループリーダー）に話を聞いた。

広がる"建材一体型太陽電池"の可能性

太陽エネルギーデザイン研究会『BIPVって何？』発刊

3氏に聞く　デザインと環境性能に優れた建築づくり

伊澤　岬氏

大野　二郎氏

石井　久史氏

――環境建築を取り巻く状況は。

伊澤　研究会は2010年に発足し、これまで活動してきた一つの成果としてこの本を出版できた。東日本大震災を契機に、再生可能エネルギーに対する社会的認知度は一気に高まった。中でも太陽光発電の普及には、再生可能エネルギー法の成立や再生可能エネルギーの固定価格買い取り価格制度の導入なども大きな追い風になった。ただ、メガソーラーに代表されるように、現在の太陽光利用では発電量や経済性などが強調され過ぎている。そうした中にあって、この研究会はデザイン性という質の問題に取り組んでいるのが特徴だ。

大野　近代建築は多くのエネルギーを消費する場でもあり、地球温暖化の原因ともなっている。こうしたことを背景に、今やZEB（ゼロ・エネルギー・ビルディング）、ZEH（ゼロ・エネルギー・ハウジング）は国際的な流れとなっており、その実現には再生可能エネルギーを最大限に利用していくことが欠かせない。だが、同時に建築は美しくなくてはいけない。技術開発は進んでおり、建築系がそれらをうまく使っていける時期になってきた。

――BIPVの可能性は。

石井　都市空間に占めるビルディングファサードの面積は大きく、これを有効に使わない手はない。BIPVというと、ビルの外壁などに付いた太陽光発電設備だと思われるだろうが、環境性能的に見るとそれだけでなく、日射の遮蔽《しゃへい》などいろいろな使い方がある。

建物には照明などさまざまな熱源があり、従来はそうした熱をエネルギーで強引に抑えるなどしてきた。環境負荷を低減し、エネルギー源にもなるBIPVは、今後も大きな可能性を持っている。

――今回発行した本の特徴は。

大野　建築デザインの立場からBIPVの最新技術情報や事例を豊富に紹介している。建築・住宅のZEB化、ZEH化へのデザインマニュアルとして広く活用していただきたい。

石井　実際にBIPVを導入する時に、専門家でも建築や電気などそれぞれの領域以外についてはよく分からないのが現状だろう。今回の本はそれらをつなぐもので、半導体、電気工事、PVメーカー、ファサードコントラクター、建築設計事務所、ゼネコン、大学などのさまざまな専門家に協力を頂いた。BIPVの全体感を把握でき、なおかつどの分野の方が読んでも他分野のことがある程度は分かるよう構成した。興味のある方にもっと深く読んでもらえれば、より自分のものに取り込んでいただけると思う。

伊澤　これからの建築家には、エネルギーの問題を十分に理解し、それをデザインに転嫁することがより求められていく。この重要性を理解して創意工夫する若者がトップを走れる時代だろう。デザインと技術が表裏一体でなくてはならない。この本を建築の学生にもぜひ読んでほしい。

――今後の活動は。

大野　研究会は地球温暖化の防止に都市・建築の立場から貢献することを大きな活動目的としている。太陽光発電だけでなく、太陽熱や地中熱の利用などにも取り組むとともに、外装デザインとしてのファサードエンジニアリングの研究開発や実施導入を進め、さまざまな環境要素技術を融合・昇華させて環境建築デザインの実現につなげていきたい。

【書籍紹介】

BIPVの導入に当たり、建築士や建築設計者、建設会社、電気設備工事会社、専門工事会社、学生らが実務入門書として活用できる一冊。全8章で構成され、第1章の「眺める」では太陽エネルギー技術の変遷やBIPVの概略といった全体を俯瞰《ふかん》。第2～4章「比べる」「つくる」「わかる」で設計的な要素としての基本事項を、第6章「続ける」で施工や維持管理の留意事項、第7章「学べる」で国内外の施工事例などを解説する。第8章「試みる」では、最新の取り組み事例を紹介するほか、太陽エネルギーの可能性についてカラー写真や図版を多用して展望している。（テツアドー出版発行、太陽エネルギーデザイン研究会編、定価3000円＋税金）

図31　日刊建設工業新聞の「BIPVって何?」発刊記事　2014年3月31日

第五章

第三の挑戦 水上機

東日本大震災復興水上飛行機ネットワーク構想

国は地方創生を重要な政策の一つとして掲げています。復興を契機に提案した高速交通格差の解消こそが3・11被災地だけでなく日本全体で共有できる挑戦であり、それが地方創生と連動することで新たな社会システム構築に直結すると考えます。

東日本大震災をきっかけにつくられた「国土強靭化法」施行のタイミングとちょうど重なった「再生可能エネルギー法」の意義についてすでに述べましたが、阪神・淡路大震災では「交通バリアフリー法」が復興に向けた市民活動で結実しました。そのきっかけは阪急伊丹駅で、被災で大きな被害にあって旧駅舎は倒壊し、しばらくは仮設駅を経て旧駅舎と同じ場所にまったく新しいターミナルを一九九八年に再建しました。今では多くの鉄道駅を含む交通施設のバリアフリー化が進んでおり、あたりまえのように対応が各所で展開していますが、当時の新伊丹駅はそのさきがけともいえるものでした。「移動しやすいターミナル」として三階にある阪急伊丹駅と地上駅前広場、さらには周辺施設からの車イスによる移動の連続性を確保するために段差を解消しています。さらに、わかりやすい主動線の形成にエレベーター、エスカレーターによる垂直動線の整備とともに大規模な吹き抜け空間を介して、駅と広場の空間的に連続性をもたせることで、この移動しやすさを実現しました。

阪神・淡路大震災を契機に大きく前進した交通インフラにおける福祉対応同様に、東日本大震災復興では、交通における高速交通格差の解消のために水上機による被災地のネットワーク化を目指してきましたが、被災後五年目民間活力による水上機の事業開始によってその実現が間近と感じています。

日本では、新幹線や空港などの高速交通網から取り残された中小都市や観光地が多数存在します。提案した水上飛行機を活用した水上空港ネットワーク構想は、東日本大震災の被災地に限らずこれらの中小都市などへも高速交通を提供できるものです。

わが国の水上機は海上自衛隊が保有する国産の救難飛行艇US-2機が海難救助やパトロールを目的に活躍しており、このUS-2の民間機へ転用すると四～五十人の乗客、乗員が搭乗でき、そのための経費として一千億円の費用が必要といわれます。むしろ新たな水上機を設計した方が現実的だということで、研究会のメンバーである水上機設計研究会の桜井氏らは、東京オリンピック開催を目標にさまざまな試作を展開しています。

すでにシンポジウムの成果として詳しく紹介しましたように、歴史的には一九六五（昭和四〇）年まで大阪・南紀白浜（和歌山）・新居浜（愛媛県）などに水上機による定期便が就航し、わが国でも水上飛行機が活躍していました。これは飛行機のエンジンの非力を長大な滑走路で補う必要のためでした。その後、空港の整備が進みジェット機の普及とともに日本の空からは水上飛行機の姿が消えました。

一方、海外に目を向けると、カナダ・アメリカ西海岸では、定期便が運航するなど水上飛行機による輸送が今でも活発で、さらにモルディブやカリブ海などの諸島リゾート地でもチャーター輸送に活用されています。また、ヨーロッパやアジアでも、水上飛行機の輸送事業が開始されるなど世界的に水上飛行機輸送が再び普及し始めています。これらの水上機の搭乗者は数人～二十人未満の小型飛行機で、巡航速度は二〇〇～三〇〇㎞／hとほぼ新幹線と同じぐらいのスピードとなります。

ここで、水上機の導入効果について考えたいと思います。まず、水上機は水面で離発着するため、広大な空港建設が不要です。中小都市や観光地などでも高額な建設費を投入することなく、新幹線の速達性と同程度の高速交通ネットワークを構築できます。また、旧来の港街の直近で離発着でき、都心へのアクセスに優れています。次に水上機による交流の活性化があげられ、人口減少のなかでの交流人口の増加に貢献できます。さらに、地域の貴重な産品を大消費地へ迅速に運ぶことができ、魚介類を鮮度が落ちないうちに大都市に提供できます。このように普段から水上飛行機が飛び交っていれば、緊急時にも負傷者や緊急物資の輸送にも使うことができます。また地域での新たな産業の創出も期待でき、具体的には航空事業者の進出が考えられ、航空機の整備や運航に関わるパイロット等を育成する事業などが地域で育つことが考えられます。

一九六八年、小笠原諸島がアメリカから日本に返還されました。この年、伊澤は大学四年生で学生運動の活発な時期でしたが、卒業設計のテーマにこの小笠原を選び大学での現実とは乖離するようなリゾート計画をまとめました。今でも小笠原には二十四時間の船旅で一週間の日程で同じ船で帰るしか交通手段はありません。復帰当初から飛行機によるアクセスが検討されていましたが、いまだに実現していません。

一九八八年復帰二十周年を契機にその実現化への検討に拍車がかかり、父島の北に位置する兄島の山頂部を造成して一八〇〇ｍ級の滑走路建設が一九九四年に決定されました。しかしながら自然保護の立場から見直しの機運が高まり、水上機の可能性を考えていたところ、運良く厚木基地から小笠原往復の搭乗体験がかなうこととなりました。水上機に着目したきっかけは航空工学の第一人者、故木村秀政先生（当時、日本大学理工学部教授）との出会いで「機能的なものが美しいのは、建築も航空機も一緒で、新明和の水上飛行艇US-1の活用を拡げたい」と話されておりました。水上機の歴史は旧海軍にさかのぼるものですが、当時国内ではUS-2機の前身のUS-1機のみで、新明和工業が製造し、海上自衛隊が保有して水陸両用の救済・パトロール用として六機が岩国基地に配備されていました。現在小笠原諸島、父島の二見湾の海域を離着水帯として自衛隊の専用空港として利用されています。

その後、研究室の学生が卒業設計のテーマに水上飛行艇の導入で、自然破壊を最小限に止める海面を滑走路とする空港を小笠原に提案することとなりました。教え子らによる小笠原空港計画が当時の新聞にも大きく取り上げられました。

東日本大震災の被災地のうち沿岸都市宮古、釜石、塩竈、小名浜（いわき）をネットワークするとともに、その基点には東京の東京港を考えたいところです。法的には、東京湾でも離着水の制限はありませんが、現在船舶だけでも過密な状況のなか水上機の離着水には港における船舶と水上機の共存のためのルールづくりがなによりも重要と考えます。

そこで、将来の東京湾利用を視野に当面のバックアップ基地として霞ヶ浦を想定しました。淡水の霞ヶ浦は、海水による機体のサビを考えると水上機の維持管理上極めて有利で、さらに東京湾のような過密な船の運航状況ではありません。また、すでにシンポジウムで紹介しましたように、戦前まで海軍の航空隊があり水上軍用機が水面から上陸するための水上機として唯一求められるインフラといえるスロープが現在でも何ケ所か残されていて、一部が広く市民にも活用されています。

図1　水上飛行艇US-1機が駐機する厚木基地

図3　小笠原父島二見湾をUS-1機より望む

図2　US-1機内部、奥は格納庫

図5　自衛隊基地内のUS-1上陸用スロープ

図4　US-1機の二見湾での着水

その一つに既述しましたように民間人によって利活用されているピッコロ水上飛行場があります。この経営者はパイロットの桐島氏で、水上空港ネットワーク構想研究会設立当時からのメンバーでもあります。地の利、人の利によって想定した水上機ネットワークの首都圏でのバックアップ基地として現在この霞ヶ浦を考えています。

今後は、東京湾の東京ディズニーランド沖や横浜八景島のヨットハーバーのヨットのスロープを使用しての離着水、さらには河川では平井大橋北側の荒川水面なども検討したいと思っています。

また、日本で二機ある民間水上機の一機は島根の宍道湖をベースとして日本中の海、水面を隈なく離着水経験を積んだベテランパイロットが活動しています。このパイロットの所有するセスナ機がここ霞ヶ浦にも何回か、大阪八尾空港を経由して飛来しています。そこで、復興地でのセスナ機によるネットワークも考えてたいと思います。

3・11被災直後からその支援のため三陸沿岸都市間のネットワークとともに、バックアップ基地として霞ヶ浦の他飛行先に内陸湖沼の十和田湖、猪苗代湖、中禅寺湖を加えるとともに、オリンピックを控え観光立国を目指す視点から芦ノ湖、富士五湖、下田を加えたネットワークを提案しました。

中禅寺湖畔には明治の中頃から各国の大使館や著名な外国人の別荘が建ち並び、その一つとなるイタリア大使館の日光山荘は、軽井沢にある名建築、小さな木造のチャペル聖ポール教会の設計で知られる建築家アントニン・レーモンドの設計となります。建物は杉皮張りの特徴的な外観で近年栃木県により修復されて、その別棟の資料館にこの湖に水上機の着水した写真が展示されています。元栃木県知事が執筆した新聞によればここ中禅寺湖には、この頃利根川河口から旧海軍からの払い下げによる水上機が活用されていたとのことです。

被災の一年後の3・11に、塩竈市の中心となる本塩釜駅前広場で宮古市田老地区に引き続いて、太陽エネルギーデザイン研究会のメンバー菊川工業の協力で、太陽光の街路灯贈呈式のテープカットに招かれました。その席で、佐藤昭塩竈市長に、復興支援のための水上機によるデモストレーション飛行と、シンポジウムを霞ヶ浦の土浦市と連続での開催を正式に申し出ました。市長は宮城県土木部で長らく空港・港湾部門担当した

常夏の小笠原には海上空港がいい感じ

日大生2人が卒業研究で夢プラン

島の救急便「大型飛行艇」を活用

東京から約一千キロの太平洋にある小笠原諸島の父島に、「飛行艇が離着水する「海上空港」を建設するプランを大学生が卒業研究としてまとめた。小笠原諸島の空港建設計画は、環境庁の反対で宙に浮いているが、プランは環境破壊が小さく、海上空港自体がリゾート地としての魅力に富んでいる。学生たちは「明日にも実現可能」と夢を膨らませる。

（社会部、半田 滋）

矢野孝喜さん 笹岡圭介さん

海上自衛隊の大型飛行艇US1A

プランをまとめたのは、日本大学理工学部四年の矢野孝喜さん(二三)と笹岡圭介さん(二三)。卒業研究は、父島―東京間を結ぶ交通路の"受け皿"となる空港をテーマにした。同じように学生の時に父島開発を研究したことのある伊沢岬教授が指導にあたった。

計画によると、「海上空港」は、海上自衛隊の大型飛行艇「US1A」が離着水している二見湾から沖合に

環境破壊抑え、リゾート開発と一体

海上空港について伊沢岬教授（左）に説明する矢野孝喜さん（右）と笹岡圭介さん＝千葉県船橋市の日大理工学部で

都の計画より安上がり

出た海面に長さ一千メートルの離着水帯を設け、周囲を防波堤と海上道路を兼ねたマリンロードと呼ぶ円形の海上施設で囲むというもの。

マリンロードはさらに二見湾の入り口に延び、集落のある大村地区と無人の洲崎地区を結ぶ。

洲崎地区には空港施設を建設し、離着水帯から海面移動した飛行艇の乗客はここで乗り降りする。空港周辺には公共施設、商業施設、リゾート施設を集中させる。

沖合の海上施設には人工ビーチをつくり、洲崎地区に海水循環を兼ねた運河を掘るなど、計画は空港を核にした総合リゾート計画にもなっている。

島民悲願に共感し挑戦

小笠原諸島は年平均気温二三度という常夏の島だが、月五回の客船以外、往復の手段がないのが難点だ。しかも片道二十九時間もかかり、空港建設は島民の悲願になっている。だが、東京都がつくった兄島の空港建設計画は環境庁に反対され、振り出しに。二人には現状を打破したいという思いもあった。

昨年夏、そろって父島を訪ね、都の地域振興課へも足を運び、現状を聴いた。

航空機、垂直離着陸機、超高速船などを比較検討した結果、"足"は父島の急患輸送を行っているUS1Aが最適と判断。半年がかりで「海上空港計画」を練った。

技術的には高い実現性

簡単にこのプランができたわけではなかった。矢野さんと笹岡さんは「都庁に通って勉強するうち、都の空港建設計画が頭に入りすぎてクラスメートから「役人のような発想になっている」と指摘された」と苦笑い。

伊沢教授も「若いのに頭が固くてね。あれもダメ、これもダメと悲観的な話ばかりしていた」と振り返るが、「ようやく完成した海上空港計画は技術的に実現性が高い。粗削りな面は残っているが、十分検討に値する」と評価する。

二人の計画では、US1Aの運航は一日四便で、乗降客は百二十―百六十人。建設総費用は「都の兄島空港建設計画（三百七十四億円）より安くなる」という。

小笠原の交通事情や飛行艇に詳しい同学部の三浦裕二教授は「海上空港は離島航空路の夢を実現するだけにとどまらない。US1Aという他国に例のない優れた航空機技術を保存し、技能者である海自パイロットに職場を与えることにもなる」と話す。

矢野さん、笹岡さんは建設会社への就職が決まった。たとえ十年後であっても、計画が現実になれば「……」というが、案外実現の日は近いかもしれない。

大島
三宅島
八丈島
太平洋
父島列島
北回帰線
小笠原諸島

MEMO

海上空港　飛行艇専用の離着水帯を備えた洋上の空港。飛行艇は海上で離着水し、水面移動して陸地に乗客を降ろす。滑走路をつくる必要がないことから建設費用が安く、環境破壊が小さい。US1Aばかりでなく、ロシアの新鋭飛行艇ベリエフ200でも運航可能という。

US1A　太平洋戦争中につくられた大型飛行艇の優れた技術を引き継ぎ、海上自衛隊用に開発された国産の飛行艇。対潜哨戒機PS1Aとして誕生したが、1998年救難用飛行艇に生まれ変わった。現在、海自は6機を保有、小笠原の急患輸送などに使用されている。

図6　東京新聞の「常夏の小笠原には海上空港がいい感じ」記事　1997年3月23日

図8　中禅寺湖畔に建つアントニン・レーモンド設計の旧イタリア大使館別荘と桟橋

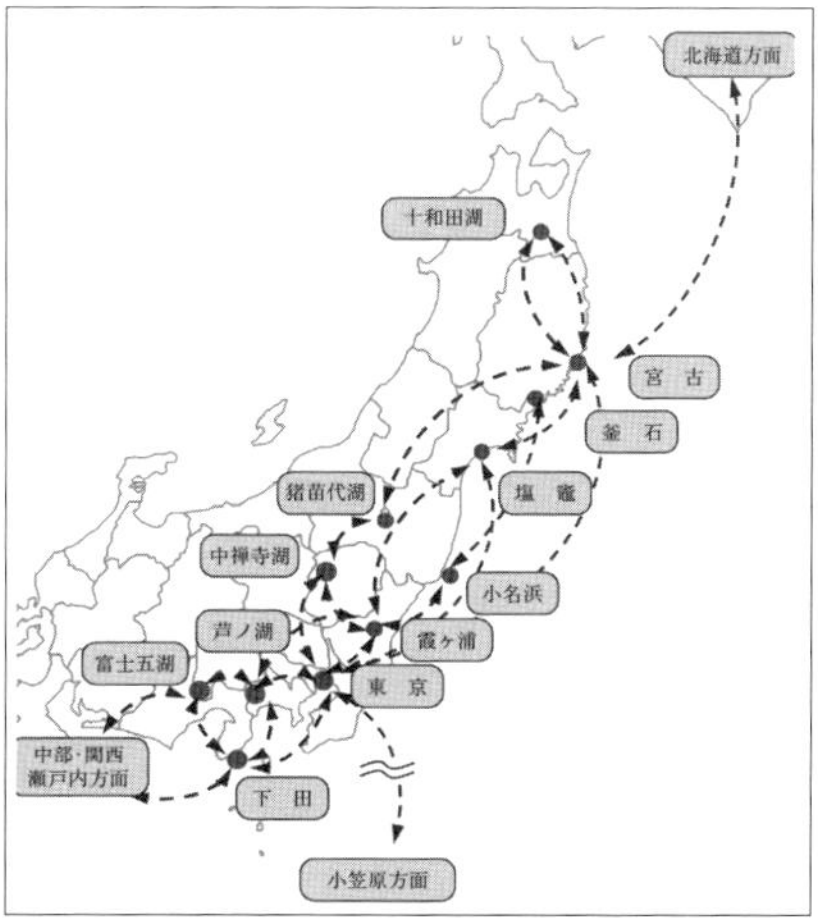

図7　水上空港ネットワーク構想図

図9　湖畔に係留した水上機
（出典：旧イタリア大使館別荘の資料室写真）

図10　霞ヶ浦のピッコロ水上飛行場格納庫と戦争歴史遺産となる水辺のスロープ

図12　宍道湖より浜田港にセスナ機着水

図11　ピッコロ水上飛行場沖合の空を舞う小型ULP機

図14　浜田海洋少年団によるセスナ機の出迎え

図13　セスナ機内部

土木技術者で、その可能性を打診したところ、県並びに海上保安庁への協力を仰ぐようアドバイスを頂きました。

特に海上保安庁での説明では若い担当官をはじめ、われわれが進めている復興支援に対する期待感を共有することができましたが、その後航空法第七十九条があっても安全のためにさまざまな条件が申し付けられました。結果的に、市長の判断でセスナ機によるデモストレーションフライト抜きのシンポジウムを、二〇一三年八月十日に開催することとなりました。パネラーには前述のように森地茂政策大学教授、平野勝也東北大学准教授に参加いただき、平野氏からは「水上機を被災地に飛ばすのは今でしょ！」と熱いメッセージをいただき、森地教授にはその後横浜港の山下埠頭開発基本計画の委員長として、横浜港に水上機の可能性を提案していただきました。

二〇一五年厳島の玄関口、宮島口のフェリー乗船所の埠頭の拡張にともなうまちづくりコンペが行われ、瀬戸内海を拠点に水上機の事業を準備中のせとうちシープレーン（SSP）に共同提案を申し出ました。当時SSPは、水上機コディアック機の日本への輸入審査にともない、航空局との折衝中ということで共同参加いただけませんでしたが、審査が済めば当然事業運航を前提に行政特に海上保安庁との折衝が控えています。塩竈での経験からどのように進めるのか大変気になるところでした。

ポイントは、離着水域の設定で、塩竈でのデモフライトのように飛行当日だけ船舶を排除した「排他的専管水域」ともいえる占有水面を設定し、見張り船の配備が求められることがここでも予想されます。航空法で保証されている日本中の海域、水域での自由な運航を想定しての事業者にとって、このような規制は経営上大きなリスクとなります。現在研究会の名称も「水上空港ネットワーク」では自由航行できない可能性が残り名称の変更も検討しましたが、わかりやすさからこのままとした経緯があります。このような貴重な知見をSSPとの打ち合わせや議論のなかに頂きながらの宮島口でのまちづくりコンペ参加でしたが落選しました。

また私達の被災地での水上機の構想と時を同じくして、さまざまな地域で水上飛行機を活用しようとの動きがあります。三陸の宮古市（岩手県）、竹富島（沖縄県）、上天草市（熊本県）では、独自に水上飛行機の導入調査を行っています。また浜田市（島根県）では地元団体が中心となって、西日本での水上空港ネットワークの構築を目指し二〇一五年の「海の日」記念行事にあわせて、水上飛行機のデモフライトと水上空港ネットワーク構想をテーマとした講演会が開催されました。私達も基調講演やパネルディスカッションに参加し、デモフライトには近接する宍道湖から前述のパイロットによるセスナ機が協力することとなりました。地元の海洋少年団の子ども達や公募で選ばれた市民が搭乗し、港から飛び立ち、約十分間のフライトを楽しみました。

その後、二〇一六年には水陸両用飛行機を活用した浜田市の活性化を目指す「浜田水上空港創設協議会」も設立されました。

水上機復活

ＳＳＰは、二〇一一年に設立された地域活性事業を中心としたせとうちホールティングスの子会社で造船業を主軸とした常石グループの一社で、リゾートホテルとこれに直結するマリーナからなる「ベラビスタスパ＆マリーナ尾道」も同グループとなります。今回このマリーナのフローティング施設を改修して水上機の整備、格納庫として活用して水上機の専用ターミナルが誕生しました。

水上機は、せとうちホールティングス傘下となったアメリカ、クエストエアークラフト社製のコディアック機にフロートを新たに着装した十人乗りで、これを五機保有しています。事業開始して遊覧飛行、チャーター飛行を展開し、今後は滑走路のない離島の災害救助、医療にも貢献できるとしています。

ＳＳＰの水上機の離発着場となる「オノミチフローティングポート」は隣接するマリーナの波除的機能を担っていて今回水上機の整備管理区域となり、円筒状の建物は水上機の格納庫となります（図15）。機体への海水による塩害によるサビを防ぐため、水上機は飛行の度に真水での洗浄が必須で、このオープンデッキが活用され、水上機の洗機にともなう排水処理施設が新たにこのバージ構造体に仕込まれました。

マリーナから格納庫を結ぶ桟橋の途中に搭乗のための保安検査室が新設され、ここから隣接する浮桟橋から水上機へと搭乗します（図16、17）。一方、チェックインカウンターはマリーナハウスの二階に新たに設けられ、隣接するラウンジからは水上機の離着水を俯瞰できます。さらに運航コントロールなどの中枢機能が三階となります。

図15　オノミチフローティングポートとマリーナ

図17　保安検査室（手前）奥のフローティングの旅客桟橋から搭乗

図16　丘の上のホテルと搭乗カウンターがあるマリナハウス（正面左）から搭乗者カートで手荷物テェックを受ける保安検査室へ（右）

このターミナルは海を隔てて巨船が横たわる造船所に隣接して立地し、また丘の上には前述のリゾートホテルを見上げることができます。周辺一体が常石グループの多様な施設が豊かな緑と海のなかに形成され、ここに空からの新たなアクセスが付加されることとなりました。この造船所では近隣住民も参加できる月一度のペースで行われる大型船舶の進水式、この発注者らへのおもてなしのためのこれらのホテル、マリーナに加え水上機もこの一環でもあります。

二〇一六年九月二十一日、開業スタートして四十一日目に研究会仲間と搭乗予約をとりました。営業は一日四便で午前、午後それぞれ二便、五十分間の瀬戸内海を象徴する多島海のフライトを楽しみます。このコディアック機についてはすでに紹介しましたが、十人乗りで機長、パイロット訓練生を最前列に乗客八人のうち、二席は空席で、搭乗時には体重が各自計られていました。機内持ち込みの荷物はカメラ程度の厳しい重量規制です。

フライトは遊覧飛行で右に左に旋回しながら大小の島からなる変化に富んだ海域を間近に堪能でき（図18）、さらに尾道水道沿いの尾道の街並も味わうこともできました（図19）。このフライト体験で感じたことは充実した運航施設と運航のための厳しい管理体制で、地方の航空会社の域を超え、小さいながらも高いレベルのクオリティを感じました。ここ尾道に留まることなく、首都圏を含めた全国展開をさらには海外をも視野に入れた本格的な営業戦略が垣間みられる充実ぶりでした。

料金体系ですが、開業二か月間はキャンペーン期間として割安でしたが、十月からは平日で一人三万二千円と高額です。しかしフライトだけでなく広々とした開放感のある施設群による充実感を含め全体として十分に価格に見合った体験ができたと考えます。フライ

図18　多島海を遊覧するコディアック機

図21　筑波山を望む水域でのタクシィング

図19　尾道全景

図22　ディンギーヨットと離水する水上機

図20　霞ヶ浦ラックスマリーナ桟橋の先に設置された浮き桟橋（ブルーシート部分）に着岸したコデアク機

ト後、特別に造船所の見学をさせていただき、さらに丘の上のホテルのテラスから離着水する水上機を、コーヒーを飲みながら見学することもできました。このホテルの敷地には、新設された中村拓志設計による魅力的なチャペルもあります（図23）。

懸案の離着水にともなう占有水域の設置もクリアし、漁民との合意のなかでの事業開始をうれしく思いました。今後のいい前例となると思います。

同機は、これまで広島市宇品港でのデモフライトや、小豆島の調査飛行や既述した松江市の中海での遊覧飛行の事業化を目指した調査飛行も行われています。さらに、霞ヶ浦への調査飛行も行われました。

当面の首都圏でのバックアップ基地と考える霞ヶ浦に、尾道からコディアック機があいにくの曇り空のもと、前日大阪八尾空港、静岡空港での燃料給油後霞ヶ浦に近い竜ヶ崎飛行場に一泊して、翌日テスト飛行を霞ヶ浦で二回行いました。一回目の飛行には霞ヶ浦水域での漁業従事者が、二回目は土浦市長、美浦村長ら霞ヶ浦水域の首長らが搭乗して霞ヶ浦のヨットハーバー、ラックスマリーナの桟橋の先端に今回のコディアック機着岸のために水位調整ができるよう既存の浮桟橋を利用しての搭乗となりました。

このマリーナは土浦駅に近く、当日もディンギーのヨットコンテストが開催されていて、にぎわいの水辺のなか水上機の離着水が行われました。

飛行は土浦から十キロほど南の、既述したピッコロ水上飛行場沖に着水、上陸せずにそのまま離水、土浦のマリーナに戻る四〇分ほどの飛行となりました。主催したSSPは淡水と広がりのある霞ヶ浦での立地を活かして今後パイロット養成の訓練飛行や観光遊覧を展開したいと当日の記者会見で松本社長が話していました。翌年二〇一七年には四人の

図23　ベラビスタスパホテルのRibbon chpapel（設計：中村拓志）

パイロットの離着水訓練もここ霞ヶ浦で実施されました。

水上機を世界にさぐる

わが国への本格的な水上機導入にむけ海外の先進事例から学ぶことは、再生エネルギー同様に重要と考えます。特に過密な東京湾をネットワークの基点とした場合、大小の船舶と水上機との運航ルールの共有が必要でその解決策を探りたいと思います。

バンクーバー、ヴィクトリア、ウィスラー（以上、カナダ）、シアトル（アメリカ）などを訪問し、水上機航空会社（Horbour Air, Kenmor Air）、水上機離発着場管理者（Vancouver Harbour Flight Center）、航空機運航を所管しているTransport Canadaなどにインタビュー調査を実施するとともに水上機事業の実態について現地調査を二〇一六年と翌一七年の二回にわたって行いました。アメリカ・カナダ西海岸は水上機が離発着できる湾や湖、河川などの水辺空間が多数存在し主要都市や観光地を水上機で結ぶ定期便のネットワークが充実していて、多くは約百km以下の路線となります。バンクーバー〜ヴィクトリアのように海峡を挟んだ地理的条件、つまり陸上交通が不便な都市間では多頻度運航されています。機材は、主にオッター機で、これはパイロットを含め九人乗りと小型でコディアック機に近い大きさですがすでに製造が中止とり、この代替機が双発のツインオッター機となります。こちらはパイロットを含め十九人乗りで、通路をはさんで二人、一人の席の一列三人掛けで、いずれもトイレはありません。さらに重量の重いスーツケースも

図27　バンクーバーの浮き桟橋による水上機専用ターミナル

図28　ヴィクトリアでの船と水上機の水上航行の様子

図29　ヴィクトリアの水面航行エリアの運用スキーム

図30　ウィスラー・グリーンレイク水上空港

図24　ツィンオッター機

図25　バンクーバーを中心とした水上機ネットワーク

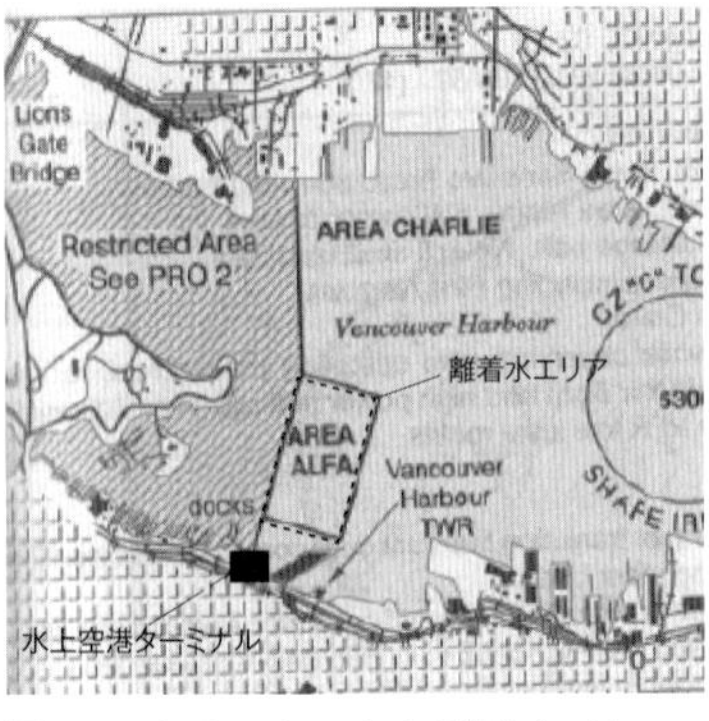

図26　バンクーバーにおける離着水エリア

十分に積載可能です。

水域利用のルールについては、離着水に適した湾は入江を形成し都心近くまで入り込んでいる場合も多く、そこには多くの船舶が往来しています。離着水はその入江の限られたエリアを指定している場合が一般的で、そのエリアを水上機が占有することなく、船舶と共用（存）しています。船舶や水上機の運航が多いといっても、数分に一回程度の往来で、お互いに水面空間と時間を譲り合って運航し、事故などの危険性は低いとのことでした。その中でヴィクトリアは、狭あいな湾に大型船舶やカヌーなどの小さなボートまで多数が共有する特殊な事例となります。ここでは過去に船舶や水上機などの交錯の危険性や周辺住宅地での騒音に対して懸念の声が上がったことから、国の機関となる港湾管理者が地域住民や船舶など水域利用者を広く巻き込んで検討を進め、水域利用区域の設定や運用ルールを定めた「水上空港運用マニュアル」（Water Airport Operations Manual）を策定しています。

また、水上機運航にかかわる気象などの諸情報については、多くの水上空港では近傍にあるヘリポートから気象や周辺での航空機運航の情報提供が行われ、さらにバンクーバーやヴィクトリアなどの多頻度運航地区では、水上機の離発着情報が湾内を航行する船舶へも提供されています。

これらカナダでの水域の利用法や水上機離着水の運用法は一般的に簡便な方法であり、さらに各種情報も既存のシステムを応用しての対応で、新たなシステムや大げさな施設もありません。船舶が過密に航行している東京湾や瀬戸内海などの水域にとって参考となると考えます。

東日本被災地から地方創生ネットワーク構想へ

東京一極集中からの脱却を計るとともに被災地東日本にとどまらず、水上機による全国展開を計るべく象徴的な四つのエリアを中心にネットワーク化の拡大を国土全体に計ることを考えています（図31）。この四つのエリア選定のキーワードは「復興」「オリンピック」「水上機復活」「離島」となります。まず一つ目は、私達が復興支援を続けている宮古、気仙沼、塩竈などの被災地を、仙台空港を起点にネットワークする東日本復興地方創生エリアとなります。二つ目は、オリンピックをきっかけとした観光インバウンドを地方へ誘導しての相乗効果を期待しての首都圏オリンピック地方創生エリアです。特に内陸遠隔地の淡水湖を、東京湾を拠点にネットワークします。さらに東京湾のバックアップ拠点として霞ヶ浦を中心としたローカルネットワークを提案します。三つ目は、水上機事業が復活した尾道を拠点に三海（瀬戸内海、日本海、太平洋）とわが国最大の淡水湖琵琶湖を加えたクロスネットワークを形成するエリアです。そして最後は、水上機の大きなメリットを活かせる沖縄離島エリアとします。

東日本復興エリア　仙台空港を復興の起点に支援を続けている沿岸域のネットワークに加え、内陸空港や内陸水域を加えた復興と観光のリンケージの中に、高速交通格差の解消のモデルを構築します。

首都圏オリンピックエリア　東京湾における水上機の拠点と離発着水帯の設定が最大の課題となりますが複数箇所を提示して、海外特にバンクーバー、ヴィクトリアにおける港湾利用コードなどの知見をベースに広く多方面の関係者間での検討・調整が求められます。

水上機の東京湾基点の当面のバックアップ基地としての霞ヶ浦の優位性は述べましたが、観光立県としての知名度は低いのが現況です。そこで、霞ヶ浦沿岸域の行政が手を携えての地方創生ローカルモデルを構築する、地域まちづくり立案に今後協力したいと考えています。

中四国三海クロスネットワークエリア

半世紀ぶりに瀬戸内を拠点とした水上機事業が再開され、これを契機に、瀬戸内海の各地はもとより、日本海側の諸都市からも事業を誘致する声が上がっています。山陰と山陽、さらには瀬戸内と四国太平洋側との交通軸は貧弱な状況で、日本海—瀬戸内—太平洋を南北に結ぶ高速交通網軸としての水上機活用を提案します。さらに

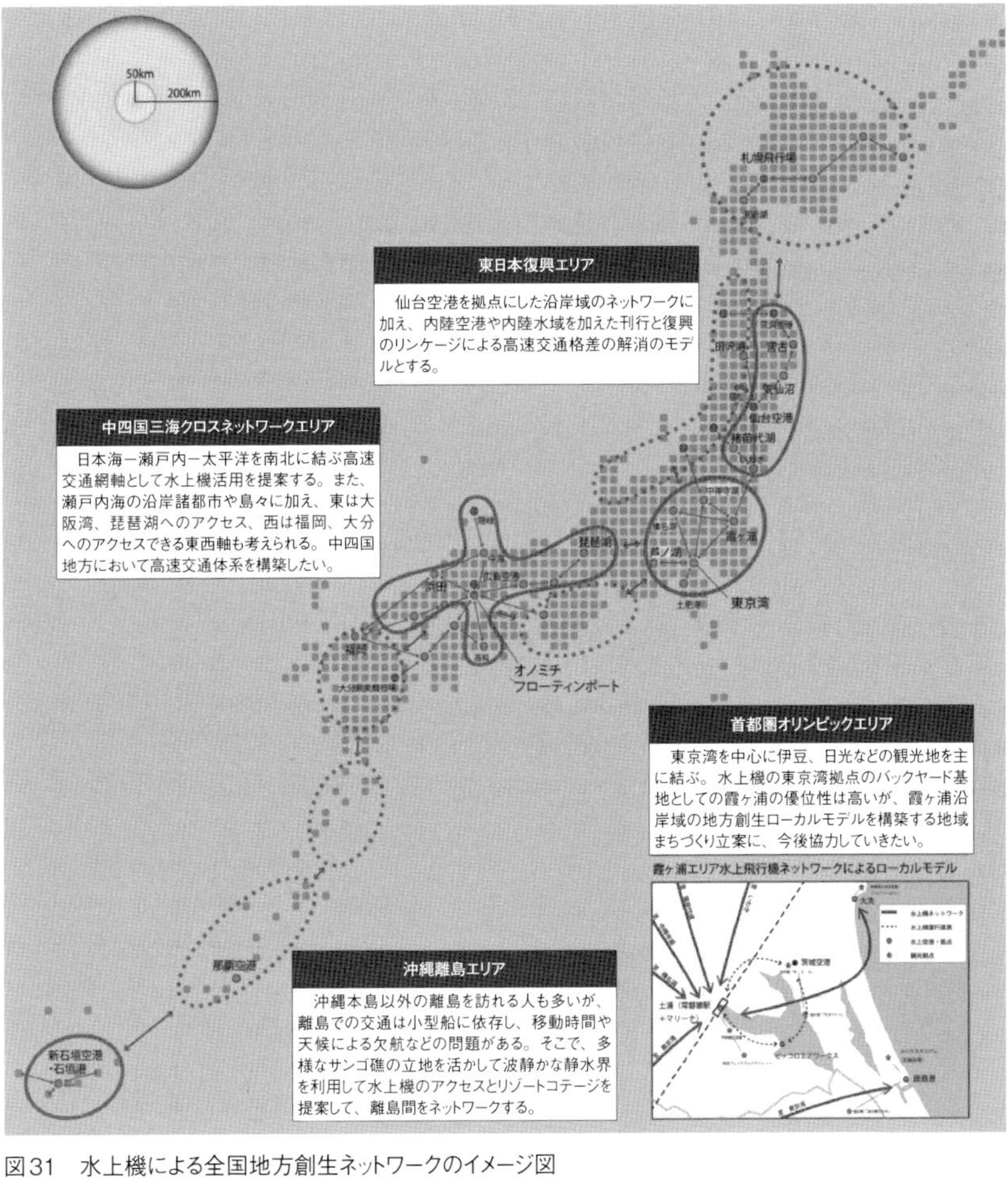

図31　水上機による全国地方創生ネットワークのイメージ図

瀬戸内海の沿岸諸都市や島々に加え、東は大阪湾、琵琶湖へのアクセス、西は福岡、大分へアクセスできる東西軸が加わります。この南北・東西の二軸によるクロスネットワークを主として、また山陰の諸都市、瀬戸内の諸都市や島々、四国の諸都市へのサブネットワークにより中四国地方での高速交通体系を構築したいと考えています。

沖縄離島エリア　沖縄は政治的問題と裏腹に国内外からの観光客が増え、沖縄本島以外の離島を訪れる人も多く、身近なリゾート地へと変貌しています。しかし、離島での交通は小型船に依存し、移動時間や天候による欠航などの問題があります。また沖縄では多くの島々のうち特に石垣島周辺は、サンゴ礁のバリエーション豊かな海域で、リング状につながる「環礁」以外に、陸とサンゴ礁の間にラグーンをもつ「堡礁」、日本で一般的な「裾礁」を有する貴重なエリアを形成しています。これらの多様なサンゴ礁の立地を活かして波静かな静水海を利用して水上機のアクセスとリゾートコテージの併設を提案して、離島間のネットワークを計りたいと考えます。さらに地球温暖化による海面上昇に対応できるよう、多様な海洋構造方式でのコテージをモデル的に提案して、国家的危機に直面するモルディブの救済とともに、間近な日本の危機に備えたいと考えています。

以上、国土における象徴的なエリアから、日本列島全体が水上機によってネットワークされることをイメージした構想で、まさに東日本の被災による危機を好機に活かしたいと考えます。

本提案は二〇一八年ＡＮＡ総合研究所が公募した論文コンテストで応募三〇編で第一位となり優秀賞を受賞しました。

絶望の復興計画のなか、東京オリンピック開催にともなう復興支援として被災地での一部開催案が、東京港、海の森ボート場の代替に宮城県登米市の長沼ボート場を候補地とする案が一時、浮上しました。この長沼案に対して「高速交通」がないこと、まさに被災地の高速交通格差を理由に格安の工事費のなかでの会場変更を問題視する風潮にあふれていました。東日本の大震災への関心が社会的に風化しつつあることを強く感じました。

長沼は大きく被災した沿岸都市として南三陸町に近く、沿岸大都市石巻からの水上機によるアクセスも可能で、被災地の多くが抱えている交通格差解消の試金石にもなる開催と考えました。十人乗りのコディアック機ではキャパシィに若干問題となるかもしれませんが、すでに紹介したツインオッター機だと十九人乗りとより適している規模と考えます。

長沼への会場変更はかないませんでしたが、オリンピック選手の練習会場などは是非実現してもらい、被災地における高速交通格差に対しての国民の関心が集まることを期待したいと思います。

さらにその後、被災地での開催に無関心であった国際オリンクピック委員会がこの長沼開催検討をきっかけに、被災地福島での野球開催を遅ればせながら決定しました。福島の野球場には建築家伊東豊雄が台湾の高雄に設計した高雄ワールドゲームズメインスタジアム（図32、33）のように、太陽光パネルをドーム状に覆ったエネルギーを象徴することを願います。このスタジアムでは三十二本のオシレート・フープと呼ばれる鋼管をスパイラル連続体

図33　台湾高雄ワールドゲームズメインスタジアム
大屋根の太陽光パネル
（設計：伊東豊雄）

図32　台湾高雄ワールドゲームズメインスタジアム
（設計：伊東豊雄）

に構成して、人々の高揚感を高める効果を計るとともに、ここに太陽光パネルが設置されています。

さらに再生エネルギー活用のコードを、国の値より大きく引き上げた福島県に対してのリスペクトもないままに、聖火リレーのスタート点に福島が政治的に選ばれました。せめてもこれが被災地の未来に向けたリセットとなることを祈るばかりです。

第六章

復興プロジェクトの検証

まちづくりの復興プロジェクト

本書で提案しました三つの挑戦における復興プロジェクトの検証を最後にまとめたいと思います。

第二章ですでに述べたように、世界遺産となっている日本の社寺の境内は、日本人の自然観を空間的に具現化しています。境内における建築と庭園の地形利用を京都を例に五つのカテゴリーとして抽出して地形の「読み方」を示しました。また丘陵地キャンパスを例にこの「読み方」が地形の「活かし方」、いわば設計法につながり、さらに地形の「直し方」復興計画につながるとしました（図1）。

地形との関係から復興計画における防災ツールをまとめてみると、国が進めている高台移転による「人工の丘」「丘の上のニュータウン」が凸地形で、一方、私達はリアス式海岸の港街の代表としての宮古市田老地区の凹地形には「防災ブリッジ」とこれに連続する「防災コリドール」、そして平地の砂浜には「防災輪中」の提案を行いました。さらに斜面地形では「斜面住居」を「斜行インフラ」のなかに提案し、後述する女川町で進められている復興計画は、この斜面地形を単一勾配によって大きく「スロープ化」して人にやさしいユニバーサルな復興まちづくりの例となります。本書の冒頭でスピード感をもって岩手県宮古市田老地区の提案ができた理由の一つが長年のライフワークとしてきた、これらの地形的研究の蓄積が有効に機能しました。

そこで私達が提案しなかった凸地形となる高台移転の南三陸町、同じく女川町に加えて凹地形の気仙沼コンペ実施案を将来の復興に有効なモデルとなりうる成果として検証した

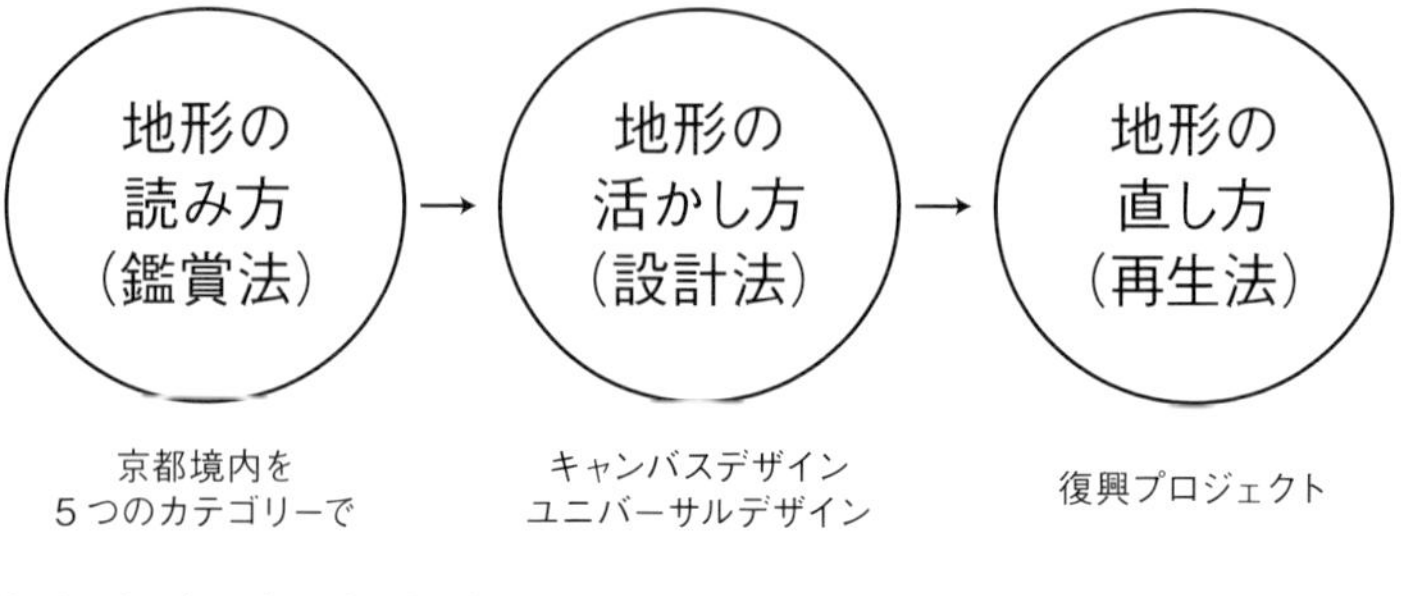

図1　地形の読み方・活かし方・直し方

いと思います。これらの実施案に私達の凹地形の宮古市田老地区の構想と平地における同じく旭市いいおかの構想とを合わせることで多様な国土の地形に対応できる防災ツールが整ったと考えます。その成果は本書の高知県防災構想としても示すことですでに検証できたものと考えます。

「人工の丘」――宮城県南三陸町

南三陸町の中心市街地は十五mの津波に沈み、海辺近くの志津川病院は四階まで津波に洗われて七十人もの入院患者らが犠牲となりました。さらに高さ十二mの三階建ての防災対策庁舎の屋上に逃れた四十三人も津波に流されました。全住民が住居を平野部から背後の高台三ケ所への移転を決めましたが、これらの山を切り開いたところ四百万m^3の土砂が余り、これを平野部に埋めることで全体を十m近く嵩上げした広大な「人工の丘」が生まれました。盛土の造成はほぼ終わり、隣接する志津川から高さ十mの丘の上までびっしりとコンクリートブロックが積まれようとしています（図5）。その存在感は盛土以上であまりにも巨大な土木構造物に違和感を覚えました。

さらに防災対策庁舎を「被災遺構」として残すことが検討され、周辺には震災祈念公園がつくられる予定となっています。この「人工の丘」は建築家、隈研吾がグランドデザインを担当し、「ひだをもった街並」をコンセプトに進めています。二〇一七年春には仮設商店街から移転して新たに丘の上の商店街が一足先にオープンしました（図6）。木造切妻の建築群をブロック化して中心をアスファルトのままで広場を形成します。建物による木のぬくもりに対して寒々しい広場の構成で、今後広場の仕上げが加えられることを期待

表1　地形類型と復興まちづくり（網掛部は実績作品と提案プロジェクト）

	地形の読み方		地形の活かし方	地形の直し方
	都市の地形	京都世界遺産境内の地形〈鑑賞法〉	キャンバス〈造成法〉	復興まちづくり〈再生法〉
凸地形	大阪	清水寺	東京薬科大学	南三陸町（高台移転）
斜面	神戸	宇治上神社	静岡県立大学	女川町（高台移転）
凹地形	京都、フィレンツェ	清水寺	東京薬科大学	宮古市田老地区
平地（川・海）	ヴェネチア	平等院 厳島	大阪湾海上都市構想	旭市いいおか

図3　被災遺産が凍結されている南三陸町合同庁舎

図2　嵩上げ造成が進む浸水被災地

図4　八幡川河口の10m嵩上げされる復興の橋設置場所

図5　盛土による丘の上のコミュニテイが巨大コンクリートで覆われつつある(2017)

図6　南三陸町さんさん商店街(設計：隈研吾)

したいと思います。

また、この街のシンボルブリッジ「復興の橋」コンペが隈研吾審査委員長もとで行われ、私達もこれに参加しました。

「海の見えるスロープ嵩上げ」「石碑による防災ネットワーク」——宮城県女川町

女川町は最高十八・五ｍの津波に襲われ、海辺近くのビル六棟が倒壊し町役場も沈みましたが、女川原発はかろうじて難を免れました。ＪＲ石巻線が四年ぶりに全線開通した二〇一五三月二十一日にまち開きの式典が行われました。

復旧によって石巻と女川はつながり、この鉄道駅と港を結ぶプロムナードを中心に大屋根の木造建築群によるにぎわいある街並を建築家東理恵の設計で、さらに嵩上げの断面的工夫によって防潮堤の見えない開放感あふれる広場がこの木造建築群の中に出現しました。まちの中心となる駅は災害の復興支援に海外を含め広く活動を続けている建築家、坂茂の設計で、ウミネコが翼をひろげたような特徴的な屋根の造形がテント地で構成してこの駅には温泉も設けられました。設計のきっかけは、被災地女川でのボランティア活動となります。

まちづくりのポイントは、被災前の駅を百五十ｍはなれた山側の標高七ｍ地点に移して、二％勾配のレンガスロープを設けることでユニバーサルデザイン対応の避難スロープ広場の獲得で、この新たな防災ツール「スロープ嵩上げ」によって防潮堤にさえぎられずに海の見える広場の出現は画期的な成果と考えます（図７）。市街地をＬ１の防潮堤の高さ五ｍ以上に嵩上げしてのスロープとなります。さらに水辺のレベルは今後プロムナード同様の整備が二〇二〇年東京オリンピック開催頃を目指して進められています。

その後、女川での復興関連工事従事者用のトレーラーハウスによる宿泊施設が役割を終えて、今度は一般の宿泊施設としてこの女川駅前に彩り豊かに出現しており、プロムナードの活性化に大きく貢献するものと思われます（図11）。


女川町のまちづくりは二〇一三年、平野勝也東北大学准教授を委員長とする「女川町復興まちづくりデザイン会議」によってまとめられ、中心となるプロムナードは都市設計家小野寺康の設計となります。小野寺氏はすでに紹介したように、日本で最初の土木系大学における本格的デザイン教育に協力を頂いたデザイナーです。当たり前のようにある防潮堤がここからは見えません。この海の見えるプロムナードの評価は、ヒューマンスケールによる斜面の断面的工夫によって、被災時には避難路として緊急時には車も、人も、車イスもが共有できるユニバーサルな機能を兼備えた広場の創出といえます。

設計者が津波の襲来した海を見せたこだわりは、二十代に担当した門司港駅前広場にさかのぼります。ここでは、広場から海を見せるため民家二軒の取り壊しを施主となる行政に依頼しました。この広場の主体は重要文化財の駅で、女川でも被災した海辺の交番を被災遺産としてプロムナードの軸線上に据えました。またこの軸線は元旦の初日の出とも一致します。しかしながら、この広場から高台移転した「丘の上のコミュニティ」までは徒歩で三十分もかかる厳しい高低差があり、宮古市田老地区同様きめのこまかい「斜面インフラ」の導入が必要と考えます。

もう一つの新たな防災ツールが若い中学生、卒業生を中心に進められています。津波の

図8　レンガプロムナードとアイストップとなる女川駅

図9　大屋根、低層のふれあい施設群

図7　海につながるスロープ状のレンガプロムナードを女川駅二階より望む

図11　新たに設置されたトレーラーハウスによる宿泊施設と女川駅のテント屋根

図10　津波で倒壊した交番は現状のまま遺産として残される

図12　女川いのちの石碑

教訓を俳句にして碑に刻んで町内の津波到達点に二十一基、うち十六基がすでに建立した「いのちの石碑プロジェクト」です（図12）。二十一拠点による「防災ネットワーク拠点」と評価できます。

訪ねた石碑は海抜十六ｍの鷲神浜で、ここから海を望むことはできませんが、俯瞰できる新駅からもかなりの距離と高低差であることを実感しました。この碑には「逢いたくて　でも合えなくて　逢いたくて」と刻まれていました。

かつて、このスロープ状の広場同様の敷地条件となる静岡県立大学の設計にユニバーサルデザインの視点から加わりました。日本でバリアフリー法ができる以前の設計となります。このキャンパスは日本平を背にした北斜面の富士山を望む丘陵地に、県内の県立三大学を統合した総合大学キャンパスで、高低差十五ｍ強の敷地に建物群を馬蹄形に囲んで、立体的な広場を獲得しての全体計画となります。キャンパスは敷地上段の半円形広場を囲む立体的な階段状のテラスと、本来中下段にあたる斜面を単一スロープとした広場の構成からなります。この広場に面した建物をスロープ勾配に合わせたテラス状の三段の敷地を形成することで、広場内の車イスでのスムーズな移動とともに、広場から建物への車イスでのアクセスができる歩車共存広場を実現したものです。設計は建築家故小林美夫で共同設計者として参画しました。広場からは富士山を望みたいところでしたが敷地条件からかないませんでした。

女川の海への眺望ビスタの獲得は評価したいと思います。建築と土木の融合の復興成果のもっとも高い事例であり、行政、特に町長の指導力が大いに発揮されての成果といえます。

「防潮堤＋建築空間化」「防潮堤の避難路化」「水門と海へのビスタ」 ――宮城県気仙沼

気仙沼市の復興まちづくりコンペでの浮力式防潮堤による当選案が頓挫したことは冒頭で既述しましたが、全国紙に「防潮堤　街と一体」という大見出しが付いて、防潮堤を覆う商業施設として、気仙沼市内湾地区の復興計画が二〇一八年完成と大きなイメージ図とともに掲載されました（図14）。気仙沼復興まちづくりコンペで佳作に選ばれた私達の「防潮堤の建築空間化」「防潮堤の避難路化」とともに「水門と海へのビスタ」が原案として活かされての実施案が新聞紙上で詳しく紹介されました。コンペに参加した中で感じ続けてきた小さな絶望感のなか喜ぶべきこととはいえ、原設計者にこれまで何の連絡もなく進められたことに少しの寂しさは残りました。

「観光客に訪れてもらい、地域経済が潤わないと、住民も街に戻ってこない」と街の復興に向けて、気仙沼商工会議所会頭は記者のインタビューに答えています。会頭は市長ともどもコンペの三十六人の審査員のメンバーで当時副会頭でした。地元企業と出資するまちづくり会社「気仙沼地域開発」の社長を兼ね、同社がこの復興事業の主体となるとのことです。

私達の提案した防潮堤の建築化、避難路化や海へのビスタを獲得した水門によって前例主義を打ち破っての安全なにぎわいの海辺の獲得の防災ツールが、「建築」と「土木」の融合の成果として実現化すると感じました。これによって今後の復興計画に幅広い可能性を示したエポックメーキングなモデルと考えます。ただし水門の構造についてはどのようになるのかが原設計者としては心配です。

図13　気仙沼内湾の海辺に建設中の防潮堤の杭と基礎

その後会議所の加藤専務理事とお話しする機会がありコンペ後の経緯を伺いましたが、コンペ後市民による「防潮堤を勉強する会」を継続的に進め、結果的にこのような復興計画に帰着したとのことでした。特に防潮堤の高さを低減するべく、防潮堤天端に可動式のフラップゲートを設置して私達の提案した防潮堤の避難路化も計るとのことでした。

その後ホームページで計画案を検索したところ、防潮堤を覆う商業施設は土木から構造的に分離されていて、正確には建築と土木が一体化されていないことが確認できました。本節タイトルを「防潮堤＋建築空間化」としたのはそのためです。

気仙沼のまち開きにお招きいただければ共同設計者ともども提案しましたように宮崎駿監督の「紅の豚」よろしく、水上機を自前でチャーターして海上よりうかがいたいと思います。そのためには観光船の埠頭に水上機離着のための工夫をお忘れなくお願いします。

気仙沼の原案にコンペ提案作品が活かされたこ

図14　読売新聞「気仙沼「街と一体の防潮堤」の記事　2016年11月11日

ととなりましたが、最終審査では三十六票中一票のみの評価でした。この貴重な票は今村文彦教授のものだと秘かに思っていました。強靭化大賞授賞式後のパーティーでやはり入賞を果たした先生にこのことを伺おうと思っていましたが失念してしまいました。

「木造の仮設住宅とみんなの家」——熊本県熊本市

3・11の復興がいまだ整わないなか、3・11以降に被災してのプロジェクトが早くも熊本に出現しました。今回の熊本地震は震源地が山間部で、倒壊したのは木造住宅が大半で

図15　熊本地震仮設住宅とみんなの家（船町仮設団地）
コミュニティ・スペースを挟んでカラフルな色合いの木造仮設住宅（設計：坂茂）

図16　熊本地震仮設住宅とみんなの家（西篠村小森仮設団地）
路地に工夫を加えたプレハブ住居群

図17　熊本地震仮設住宅とみんなの家（益域町テクノ仮設団地）
みんなの家を中心としてコミュニティー施設群を形成

街全体が失われることなく、インフラもある程度機能していましが、蒲島郁夫県知事は復興構想会議の議長に3・11同様五百旗部真を起用して「住民が癒される復興」「創造的復興」をキーワードに掲げました。その前者は仮設住宅約五十戸ごとに3・11で誕生した木造の集会場や談話室のある「みんなの家」と「木造の仮設住宅」によって早くも一部がオープンしました。画一的な「プレハブの仮設」に対して、その広さも九坪と十二坪がつながれてのバリエーションのある住宅も加わりました。さらに狭隘な仮設暮らしの「癒し」の場としてのにぎわいを共有スペースである「みんなの家」が担います。この集会所整備の大半は3・11同様災害救助法による公的資金によるものですが、前例主義にとらわれない運用は大いに評価できます。全体を伊東豊雄が主宰するくまもとアートポリスがまとめ、仮設住宅は坂茂も参加しての復興遺産となるものです。かねてから住み心地に疑問を感じていたプレハブの仮設住宅が大きく変わりました。さらに避難所での雑魚寝式宿泊施設からの脱却ですが、坂茂は積極的に間仕切りのある避難所をボランティア活動として提供しつづけてきましたが、これまで一度も行政からの依頼を受けたことがないとのことです。理由は「前例がない」からだそうです。

再生エネルギーのプロジェクト

再生可能エネルギー法によってわが国の電力の買取制度が3・11被災直後にスタートしましたが、スペインではこの年、この制度が破綻しました。さらにスペインを含むヨーロッパ、EUにおけるエネルギーの「質」としてのデザインの指標を本書でデザインの「類例化」の中に提案し、わが国の求めるべきデザイン事例が整ったと考えます。被災後のエネルギー制度とデザイン化の指標はヨーロッパから一周遅れてのスタートとなりましたが、被災地において特に「質」としてのデザイン的成果に結びつくような展開はありませんでした。

再生エネルギーのプロジェクトについては残念ながらその成果を被災地から検証できませんが、すでに紹介しました私達の未完の作品を示したいと思います。

「屋内外対応型の太陽光パネル」「ZEB」——福島県富岡町

福島第一原発に隣接する富岡町の市民らによる放射線で被災した農地の太陽光メガ発電所の建設は最終的に三十九人の地権者によって、四十haの農地に三十メガの発電所として、被災から七年目となる今年四月、事業がスタートしました。この富岡さくらソーラー発電所の買い取り価格は二〇一四年の三十二円と現在価格低下のなか十分に採算に合うものと思われますが、今後国の買取制度が停止することとなり、その影響が心配です。

代表を務める遠藤陽子さんが住む避難先のいわき市にある富岡さくらソーラーの事務所で、この発電所実現に尽力した飯田哲也さんの主宰する研究所のスタッフ代表とともに発電所のビジターセンターの設計を依頼されました。

小さな建築ですが遠藤夫妻のこれまでの再生エネルギーに対する思いと放射線で汚染された先祖代々受け継いできた農地を次世代の子供に胸を張って引き継ぐ手だてとして、二十年後に再び農地として蘇らせるとの強い思いを象徴するような再生エネルギーの建物に

図18　富岡さくらソーラー発電所
ビジターセンター外観（上）、内観（下）

よってデザインしたいと考えました。

具体的には、海外での視察で得た多くの知見を実際の設計活かすべくＢＩＰＶのさらに次世代の新たな建築型として「屋内外対応型太陽光パネル」によって建物開口部を構成しての「ＺＥＢ」を目指します。類例化のカテゴリーとしては「象徴」のなかに「調和」を具現化したいと考えました。ポイントは太陽光パネルのうちシースルータイプの事例を紹介しましたが、ヴォーヴァンの集合住宅の庇のようにこれまで外部空間に限定しての利用にとどまっていました。今回、このシースルー型太陽光パネルを建物の開口部に設置し、パネルを介して室外はもとより太陽光が室内でも感じるような空間をイメージしました。具体的には外部に対してはＢＩＰＶとしての外観的象徴性を、内部空間からは太陽光の気配をセル間の透明ガラスからの光の調整で光の移ろいを感じられるようにと考えました。

このヒントはアルハンブラ宮殿で得たものです。しかしながら限られた予算のなか十分に光の調整ができるほどの予算はありませんでしたが、今後の開発へのきっかけとしたいと思います。

建物は二十年後の撤去と周辺環境を考慮しての浸水を想定した鉄骨鉄筋コンクリート造の高床式で、一階は発電所の太陽光パネルの予備用倉庫、二階にオフィスとプレゼンテーションルームを設け、屋上には発電所を一望する展望台を設けました。

残念ながら二十年後の撤去を前提としたリスクを理由に計画は中止となりました。またしてもアンビルドな幻の復興案を揚げるのは、ここで取り上げるべき再生エネルギーのデザイン、技術的成果が、被災地でなかったからに他ありません。エネルギーによる創造的復興が今のところここ福島でかなわなかったと感じています。

水上機のプロジェクト

水上機について、再生エネルギー同様新たな社会システム構築の一つの可能性を復興支援の活動の中に模索し、タイミングよく3・11直後に民間による水上機の復活がなりましたが、これを大きく被災地に展開する状況ではありません。ここでは、被災地でない地方都市での成果を中心に検証します。

「水上機復活」――尾道〜霞ヶ浦

水上機、コディアック機の瀬戸内海、尾道での事業が二〇一六年八月十日に開始され、水上機がわが国で半世紀ぶりに復活しました。さらに水上機による復興ネットワークを見据えた首都圏のバックアップ拠点と想定していた霞ヶ浦にこのコディアック機の調査飛行が行われ、首都圏での水上機による離着水で東日本の復興へとつながるネットワークの実現化の方向性が見えてきたと考えています。

「水上飛行場」――島根県松江市

北米における水上機ターミナル施設は、水上機運航のための桟橋、給油配管、消火施設、旅客待合施設などが一般的に設置されます。既述しましたカナダの山岳湖水のリゾート都市であるウィスラーの水上機ターミナルは、最低限の極めて簡素のなかに周辺景観にマッチした施設となります。水上機の運用についても、カナダでは離発着するため施設同様離着水の需要規模に応じて柔軟に行われています。例えば情報はＡＩＰ（航空路誌）

などで広く公開され、個人所有の水上機にとっても安全に飛行・離着水や騒音などの対応に欠かせない重要な情報源となっています。このような簡素な施設や関連する情報提供は、わが国の小都市やリゾート地での水上機の展開にその運用とともに参考にしたい事例といえます。

一般財団法人、みなと総合研究財団の水上飛行機システム研究会（座長轟朝幸）では水上飛行機システムの導入ガイドブックを今年発刊しました。ここでは日本での水上機の離発着エリア設置の可能性の高い五十五箇所を挙げています。このうち五箇所が、現在機能しているものでピッコロ水上飛行場、尾道フローチングポートも含まれています。さらに松江市では海水と淡水が合流する汽水湖、宍道湖に対して、淡水の中海に水上機のターミナル施設を地方創生資金で計画し本年夏にオープンしました。施設のポイントは上陸用のスロープで、搭乗用栈橋も併設されました。また、ターミナルは水上機だけでなく、サイクリング利用者との共有が計られる予定です。

「水上機」東京湾に離着水

二〇一八年十月二十一日、東京大感謝祭二〇一八の特別企画として横浜港大栈橋と赤レンガ倉庫前の水域にコディアック機が離着水しました。主催者によると、一九三九年横浜市富岡の水上基地より初の南洋定期航路となったサイパン経由パラオ行きの大型飛行艇以来八十年ぶりの東京湾離着水デモンストレーションということです。

以上新たな社会システム構築に向けた三つの挑戦となるまちづくり、再生エネルギー、水上機について現況を検証しましたが、まとめると「水上機」の成果に対して「再生エネルギー」の挫折であり、「復興」における私達のアンビルドな成果を国の成果と補完することによって次の被災の備えはととのったと考えます。

■図版出典

●第一章

図2（外観）新建築社、（内観）大橋富夫　図6　田老町『津波と防災』十七版、２００５

図18　日東航空「空のしおり」（愛媛県総合科学博物館、２００７・1復刻版）

●第三章

図9　田老町『津波と防災』十七版、２００７

●第四章

図14　太陽エネルギーデザイン研究会『ＢＩＰＶって何？　太陽エネルギーを纏う建築』テツアドー出版、２０１５　図19、21、22　矢野一志

●第五章

図15、18　せとうちSEAPLANES　図25　"Houbour Air Web"に加筆

図26　"Water Aerodromu Directry"に加筆　図28、30　江守央

図29　"Victoria Harbour Water Airport Operations Manual", Transport Canada. 2010に加筆

●おわりに（写真：関西国際空港ターミナル）毎日新聞社

■参考文献

●第一章

・「大阪湾海上都市構想二〇八九」神戸市市制百周年記念コンペ、１９８９

・「東京湾防災都市構想」国際コンクール（「夢シティ21への提言　阪神・淡路大震災の教訓から21世紀都市のあるべき姿を探る」審査委員長磯崎新、１９９６）

・「東日本大震災復興都市モデル　岩手県宮古市田老地区をケーススタディとして東日本津波被災地復興のビジョンと方法」計画書、２０１１

・田老町『津波と防災』十七版、２００７

・東日本復興支援連続シンポジウムｉｎ塩竈　報告書、２０１３

・東日本復興支援連続シンポジウムｉｎ霞ヶ浦　報告書、２０１３

・「水上空港ネットワークによる交通イノベーション　全国津々浦々の地方創生に果たす役割」（日本大学理工学部主催シンポジュウム報告書）、２０１４

・「第3回国連防災世界会議パブリックフォーラム報告書」（日本大学）２０１５

●第二章

・五百旗部真『大災害の時代　未来の国難に備えて』毎日新聞出版、２０１６

・五百旗部真監修『大震災復興過程の政策比較分析』ミネルヴァ書房、２０１６

・河田惠昭『津波災害　減災社会を築く』岩波新書、２０１０

・「てんでんこ」復興構想会議①〜⑮（朝日新聞連載記事２０１６、5・9〜27）

・伊澤岬『海洋空間のデザイン　ウォータフロントからオーシャンスペースへ』彰国社、１９９０

・伊澤岬『交通空間のデザイン　土木と建築の融合の視点から』彰国社、２０００

・伊澤岬他『交通バリアフリーの実際』共立出版、２００６

・伊澤岬『京都・奈良の世界遺産　凸凹地形模型に読む建築と庭園』実業之日本社、２０１７

・伊澤岬「丘陵地に建つキャンパスの計画的研究」学位論文、１９８０

●第三章

・塩野七生『海の都の物語　ヴェネツァ共和国の一千年』中央公論社、１９８０

・伊澤岬・小林直明他「東日本大震災復興都市モデル計画　津波を抑え込む都市からかわす防災都市へ」（『日本大学理工学部理工学研究所研究ジャーナル』27号、２０１２）

・伊澤岬・小林直明「東日本大震災復興都市モデル計画」日本建築学会、２０１２

・伊澤岬・小林直明「東日本大震災に学ぶ津波に強いまちづくりの提案」日本建築学会、２０１３

●第四章

・畔柳昭雄他『水屋・水塚　水防の知恵と住まい』ＬＩＸＩＬ出版、２０１６

・伊澤岬・小林直明「放射能汚染地区の復興計画デザイン」日本建築学会、２０１４

・村上敦「フライブルクのまちづくり」土木学会誌、２０１４・8

・陣内秀信監修『エコロジーと歴史にもとずく地域デザイン』学芸出版社、２００４

・福島県「福島県における再生可能エネルギー推進の取り組みについて」２０１３

・太陽エネルギーデザイン研究会『ＢＩＰＶって何？　太陽エネルギーを纏う建築』テツアドー出版、２０１５

●第五章

・伊澤岬・轟朝幸「水上ネットワークによる高速交通イノベーション」（オーシャンニュースレター三六六号、海洋政策研究所、２０１５）

・伊澤岬・轟朝幸「地方創生へ水上空港ネットワーク構想運航拠点としての霞ヶ浦」（総合科学研究機構Cross T&T no.51、2015）

・江守央・轟朝幸・川崎智也「水上飛行機の活用に向けた北米における水域利用の実態と課題」日本交通学会、2017.10.8

●第六章

・女川町「女川町まちづくりのあらまし」２０１６

・「女川駅前レンガみち」（『日経コンストラクション』２０１６、3・28）

・小野寺康『広場のデザイン「にぎわい」の都市設計5原則』彰国社、２０１４

・読売新聞２０１６・11・11

・気仙沼内湾地区商業施設計画ＨＰ

・高橋正樹・菅原昭彦「「防潮堤を勉強する会」の活動報告」（『土木学会誌』vol.98 no.3、2013）

●おわりに

みなと総合研究財団　水上飛行機システム研究会「ＴＨＥ　ＳＥＡＰＬＡＮＥＳ　水上飛行機システム導入　ガイドブック　第1版」２０１８・6

奈良県立大学「ゆーろ・ならじあ・きゅー」２０１７、夏号　ｖｏｌ・8

おわりに　祈りの空間――風化から未来へ

まちづくり、再生エネルギー、水上機という三つを柱とする挑戦を、被災地での復興支援のなかに現在も続けています。未来へのかすかな光を新たな社会システム構築のなかに感じているところです。これはすでに紹介した国の「再生可能エネルギー法」「国土強靭化基本法」の制定であり、強靭化大賞での私達の三賞受賞です。さらに水上機が瀬戸内海に自由に離発着していて、その先に被災地へのフライトが格段と高まったことによります。また私達の気仙沼のコンペ佳作案が多くの土木関係者からの批判のなか、にぎわいのための「防潮堤の建築空間化、避難路化」も実現しそうな状況です。執筆をスタートした当初にはまったく予想だにしなかった気仙沼の成果を最後に紹介できたことは喜びでもあります。

一方、一昨年南三陸町の「人工の丘のコミュニティ」に復興まちづくりの一環として、本書で述べたように、復興の橋コンペが隈研吾を審査委員長のもと催され、これに応募しました。提案では求められた復興の橋によりそう祈りの回廊を海に向かって弧を描くようなデザインとしました。また、同様に福島県富岡町では、高い防潮堤の中に慰霊の碑を中心に高い防潮堤を乗り越える象徴的な祈りの空間を提案しました。南三陸町でも、慰霊公園は海の見えない高い防潮堤に囲まれたなかにあり、コンペでは河口に立地する橋に寄り添うような海を望む祈りの回廊から、犠牲者を優しく包み込むように提案したものです。

復興構想会議の第一の原則では、「いのち」への追悼と鎮魂が私たち生き残った者にとって復興の起点とうたっています。津波を押さえ込む「巨大防潮堤」によって、南三陸町の祈りの空間さえ、街とともに防潮堤のなかに押込められようとしている状況です。

復興庁と国土交通省は、犠牲者を慰霊する式典の会場として利用できる広場や記念碑などの建設を、被災した三県を中心に計画しました。岩手県では、震災の津波に耐えた「奇跡の一本松」の陸前高田市の高田松原の一帯を防災公園とする整備を進め、宮城県では、石巻市の沿岸部に震災祈念公園内に計画の予定です。原発事故のあった福島県はやっと避難指示が二〇一七年三月に解除され、第一原発の北となる浪江、双葉両町に建設することが閣議決定されました。ここは、高い値の放射能被災だけではなく、津波によって百五十人が亡くしたところでもあります。3・11復興の最後の仕上げとなる、犠牲者への追悼と鎮魂の祈りの空間が海との関係性のなかに創出されることを祈りたいと思います。

本書をまとめる段階で、編集担当者とともに熊本地震の復興現場を訪ねました。その際、日本建築家協会九州支部の熊本地震災害対策委員として、被災家屋の罹災証明に必要な診断の支援に加わった、福岡の建築家田島正陽さんに案内いただきました。帰京の空港で、同一便で帰る内藤廣氏と偶然合い、陸前高田の復興計画を進めているとのことでした。東京大学大学院工学系研究科社会基盤工学での最終講義が3・11と重なって講義は中止となり、その後国交省の東日本大震災復興都市デザイン検討会や岩手県津波防災技術専門委員会など十六の委員会のメンバーでありますが、国の前例主義を「不都合な最適解」と表現しています。

高田松原の防災公園は当初「二線堤」による減災対応が公園全体で計られているような図面が示されましたが、現在すでに一本松の前面には高さ十二・五mの立派な巨大防潮堤が完成しています。不都合な最適解のなかにどのように祈りの空間を計画するか期待したいと思います。また、津波のみならず福島原発事故によって大きな被害を受けた被災地

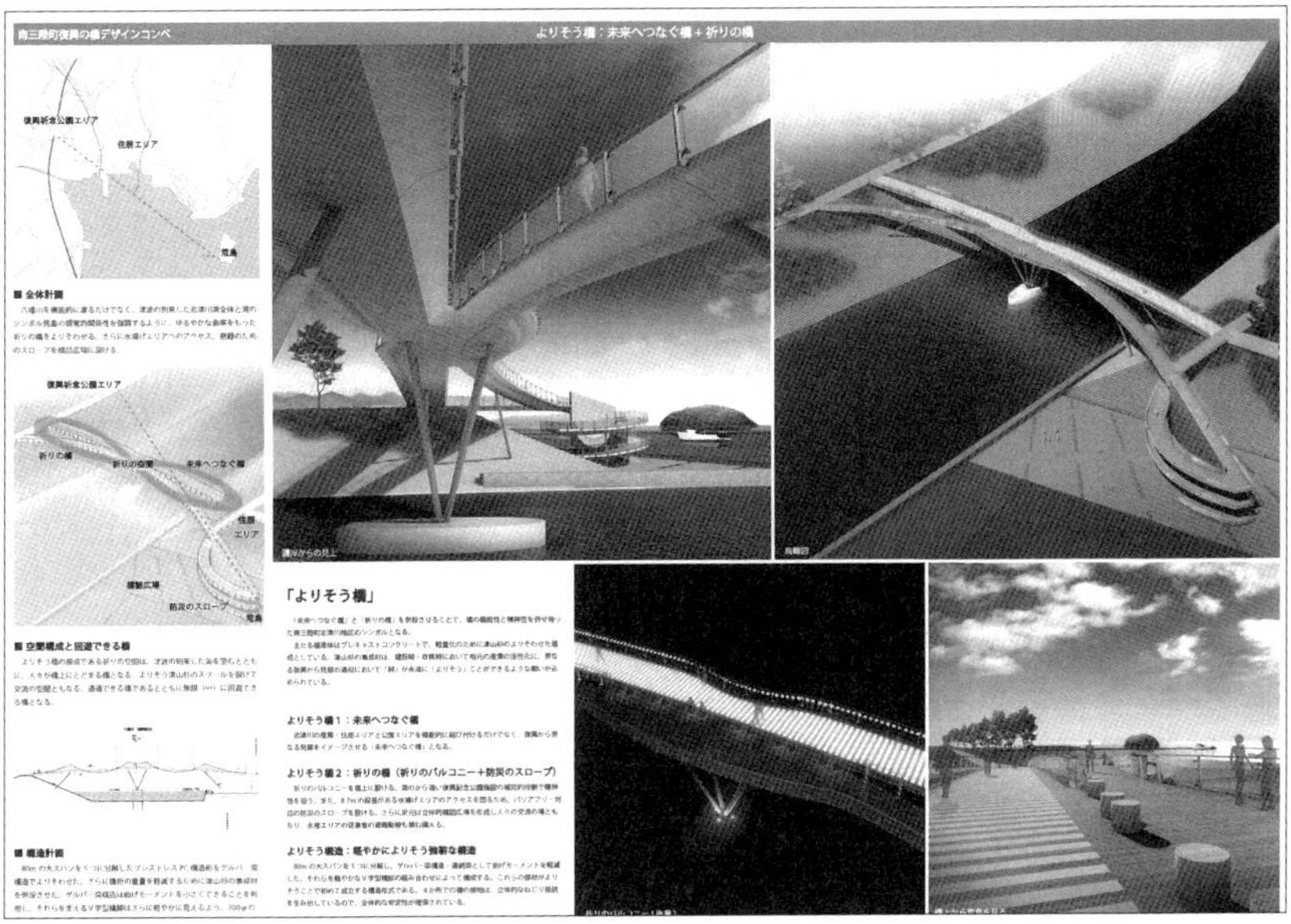

南三陸町復興の橋コンペ応募案

陸前高田市のレプリカによる奇跡の1本松とバックの完成した巨大防潮堤

での祈りの空間は、海との関係性に加えて自然エネルギーを象徴できるような空間であってほしいと思います。

東京オリンピック開催後、二〇二五年の関西における経済浮揚策として早くも大阪万博が「いのち輝く未来社会のデザイン」をテーマに、淀川の河口の埋め立て地「夢洲《ゆめしま》」での開催が浮上してきました。正式開催決定の矢先に襲った台風21号の「高潮」で、大阪湾の海上空港となる関西国際空港第一ターミナル全体が五mの防潮堤を越波して最大五十cm冠水して、レンゾ・ピアノ設計のターミナルが海の中に浮かびました。一九九四年の開港以来の地盤沈下に加えて、今回の三mと台風による相乗効果による越波によるものです。夢洲も関空同様、高潮に加え連絡橋などのアクセスに不安が残る立地となります。また、この水没は北海道胆振東部地震での火力発電所による全道のブラックアウト（停電）の二日前となる被災でした。国の進めるエネルギー政策で政府が大いに期待している大型石炭火力発電所のブラックアウトはその方針を見直すほどのインパクトだと思います。このブラックアウトの余波が、直後に九州に及びました。九州は日照に恵まれた太陽光発電が普及していますが、これが突然稼働停止となりました。理由は九州全体の電力が余り、需給バランスがくずれることによるブラックアウトを防ぐものです。国の優先給電ルールによって原発を最優先したためで、エネルギー基本計画で再生エネルギーの主力電源化と矛盾する事態といえます。

この大阪万博会場も南海トラフとの関係で「津波対応のインフラ」が求められるとともにさらに「エネルギー」「多様な交通モーダル」導入が3・11復興計画同様

水没直前の関西国際空港ターミナル（設計：レンゾ・ピアノ）

に求められると、今回の台風による関空の水没と北海道のブラックアウトでさらに強く感じました。復興の成果として被災地で成し遂げられなかった数々の課題が、この万博開催を契機に全国により拡がるきっかけとなり復興の継続となることを期待したいと思います。

３・11被災直後に復興都市モデル研究グループを設立し日本大学理工学部交通システム工学科デザイン研究室を中心に産学連携チームを結成しました。すでに３・11の前年に設立した太陽エネルギーデザイン研究会のメンバー企業にも協力要請をして建設会社、設計事務所、ＣＡＤ事務所や太陽光パネルの製造会社などの賛同を得ての復興支援活動につながりました。この研究会に東日本大震災復興水上飛行空港ネットワーク構想研究会の活動が加わりこれらの多元的な研究会の活動によって本書をまとめることができました。

参加した多くの企業、個人、学生・院生の皆様方に記して心より感謝いたします。

執筆にあたっては、努めて客観的な既述を目指しましたが、編集担当の鈴木洋美氏には、私達の建築と土木の融合の活動を積極的に開示するよう求められました。結果的には復興支援の原点となる両者の融合のこれまでの活動を十分示せたと考えます。さらに多くの方々に途中の原稿を読んでいただきました。これは専門外の被災者の方々にも十分理解ができるようにとの思いでお願いしたものです。これに対して、小学校の同級生で遺伝学が専門の東京農工大学名誉教授の神田尚俊さんは全体的に、またエネルギーについては建築家の矢野一志氏とLIXIL Technology Research本部先端技術研究所の石井久史氏、さらにせとうちシープレンの水上機については広報部長の鵜木ゆみこ氏に快く答えていただき貴重な意見を反映することができました。記して感謝いたします。

最後に、３・11で犠牲となった人々に心からの哀悼の意を表したいと思います。

■著者プロフィール

伊澤　岬（いざわ　みさき）
1947年栃木県生まれ。1971年日本大学大学院理工学研究科建築工学専攻修士課程修了。1980年「丘陵地に建つキャンパスの計画的研究」で工学博士（日本大学）。日本大学理工学部建築学科、海洋建築学科、社会交通工学科（現交通システム工学科）教授を経て日本大学名誉教授。日本福祉のまちづくり学会理事、同学会特別研究・観光委員会委員長。栃木県景観アドバイザー。太陽エネルギーデザイン研究会名誉会長。復興都市モデル研究グループ代表。水上空港ネットワーク構想研究会会長。
作品：「船橋日大前駅」（鉄道建築協会作品部門最優秀賞、運輸省鉄道局長表彰）、都営地下鉄大江戸線プロポーザルコンペで当選し、「新宿西口駅」「東新宿駅」を設計。キャンパス関連では「東京薬科大学八王子キャンパス」と「静岡県立大学キャンパス」を共同設計。復興関連では「気仙沼市復興まちづくりコンペ」（佳作2012）が実施原案となる。「旭市いいおか復興まちづくりコンペ」（佳作2013）、2016年にはジャパン・レジリエンス・アワード（強靭化大賞）で最優秀賞、優秀賞、優良賞を「復興地での水上空港ネットワーク構想」「放射線被災地における再生エネルギーデザインのZEB」「防災施設」でそれぞれ共著者の小林、轟らとともに受賞。
著書：『海洋空間のデザイン』（彰国社、1990）、『運河再興の計画』（共著、彰国社、1996）、『交通空間のデザイン』（彰国社、2000）、『観光のユニバーサルデザイン』（共著、学芸出版社、2010）、『京都・奈良の世界遺産　凸凹地形模型で読む建築と庭園』（実業之日本社、2017）

小林　直明（こばやし　なおあき）
1957年東京都生まれ。1982年日本大学大学院理工学研究科海洋建築工学専攻修士課程修了。
1982年大成建設株式会社設計本部入社。2003年自由学園明日館の保存と再生」で日本建築学会賞（業績）受賞。2016年4月日本大学理工学部海洋建築工学科教授。博士（工学）。

轟　朝幸（とどろき　ともゆき）
1964年長野県生まれ。1993年日本大学大学院理工学研究科交通土木工学専攻博士後期課程修了、博士（工学）。日本大学理工学部交通土木工学科助手、東京大学工学土木工学科講師、高知工科大学社会システム工学科助教授、日本大学理工学部社会交通工学科准教授などを経て、2008年より社会交通工学科（現交通システム工学科）教授。
国土交通省「交通政策審議会航空分科会技術・安全部会」臨時委員、国土交通省航空局「空港の津波対策検討委員会」委員長、国土交通省航空局「空港における地震・津波に対応する避難計画・早期復旧計画検討委員会」委員長、国土交通省関東運輸局「地域公共交通活性化・再生アドバイザー会議」委員、千葉県「国土利用計画地方審議会」委員、千葉県「県土整備公共事業評価審議会」副委員長などを歴任。2016年には、ジャパン・レジリエンス・アワード（強靱化大賞）において「復興地での水上空港ネットワーク構想」で最優秀賞を受賞。
著書：『土木計画学』（共著、コロナ社、1994）、『魅力ある観光地と交通』（共著、技報堂出版、1998）、『東京のインフラストラクチャー』（共著、技報堂出版、2004）、『交通バリアフリーの実際』（共著、技報堂出版、2006）、『土木・交通工学のための統計学』（共著、コロナ社、2015）、『災害と空港』（編著、成山堂、2018）など。

3・11復興プロジェクトの挑戦とその射程
建築・土木、エネルギーの融合の活動から

2018年12月10日　第1版発行

著作権者との協定により検印省略

著　者　伊澤 岬・小林直明・轟 朝幸
発行者　下　出　雅　徳
発行所　株式会社　**彰　国　社**

162-0067 東京都新宿区富久町8-21
電話　03-3359-3231（大代表）
振替口座　00160-2-173401

自然科学書協会会員
工学書協会会員

Printed in Japan

印刷：三美印刷　製本：誠幸堂

ISBN 978-4-395-32125-4　C3052　http://www.shokokusha.co.jp